AF463026

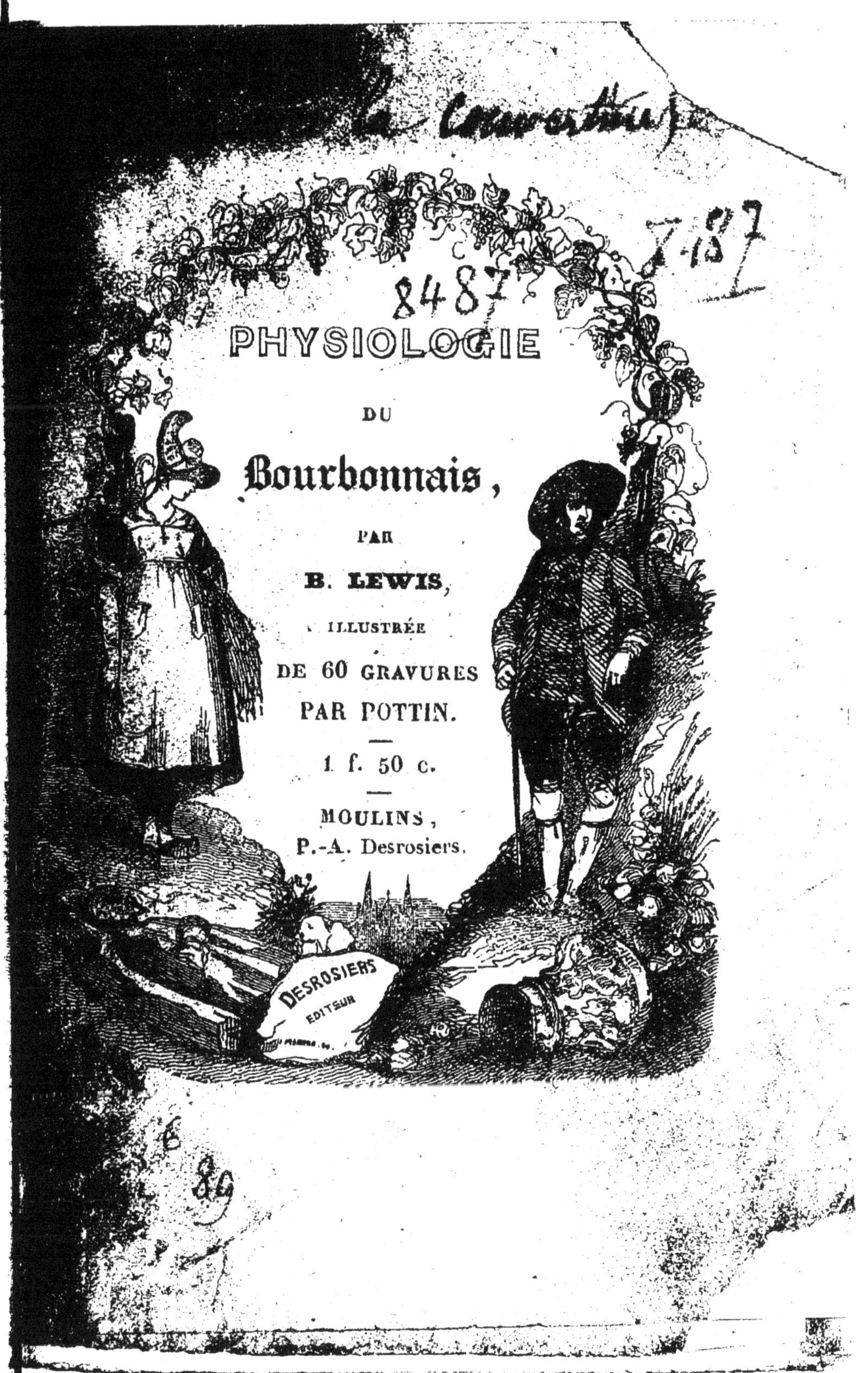
PHYSIOLOGIE
DU
Bourbonnais,
PAR
B. LEWIS,
ILLUSTRÉE
DE 60 GRAVURES
PAR POTTIN.
1 f. 50 c.
MOULINS,
P.-A. Desrosiers.
DESROSIERS
EDITSUR

PHYSIOLOGIE
DU
BOURBONNAIS
MOULINS,
P.-A. DESROSIERS.
DESROSIERS
EDITEUR

1842

PREMIÈRE PARTIE.

—

TYPES GÉNÉRAUX.

—

PARIS ET LA PROVINCE.

A Paris gravitent les grandes individualités, s'agitent les graves affaires, se développent les fortes passions. Là, apparaissent dans toute leur énergie les audacieux caractères, les ames vigoureusement trempées; là, les ambitions les plus ardentes se combattent, se jouent et se surpassent les unes les autres. Vous y voyez les plus vastes fortunes comme les plus poignantes misères; si les glorieuses renommés y jettent leur éclat, l'impudeur et l'effronterie s'y montrent aussi sans masque. Paris est un véritable chaos moral, où se mêle et se confond tout ce que la société humaine a de bon et de mauvais; c'est une immense fourmillière où se produisent et se frottent les natures les plus opposées et les plus excentriques. Aussi, dans cette ville qu'on dit la capitale du monde civilisé, que de types curieux et bizarres n'observe-t-on pas de toutes parts! Chaque profession a ses mœurs et ses habitudes, chaque classe a sa physionomie bien tranchée; chaque individu perdu, pour ainsi dire, dans l'espace, emporté par le mouvement général, conserve ses croyances et ses allures. Les vertus et les vices s'y dissimulent à la vérité sous un vernis dont les exigences du monde les forcent à se revêtir, mais sous lequel il n'est pas difficile à un œil exercé d'aller les chercher.

Les conditions de la vie provinciale sont toutes différentes. La sphère d'activité est plus étroite, le théâtre est plus petit. L'homme est absorbé par la famille, élevé, façonné par elle. Il accepte malgré lui et à son insu les préjugés et les superstitions du monde au milieu duquel il est né et au milieu duquel il mourra. En Province, la tyrannie de l'opinion publique est toute puissante. Or, comme les sots sont toujours en majorité, c'est la loi des sots qu'il faut subir : malheur à qui se dévie du chemin battu, à qui professe des idées qui n'ont pas un cours général dans le pays ! il est renié, hué et vilipendé. On s'inquiètera sérieusement de la longueur de vos cheveux, de la forme de votre chapeau et de la coupe de vos habits. A cet égard on est impitoyable, et l'on vous montrera au doigt si tout cela dépasse en plus ou en moins les proportions adoptées. Il vous faut tout faire comme le vulgaire des hommes qui vous entourent, sinon on se méfie de vous, on vous fuit, on vous perd de réputation. Quand on est sur la pente de la médisance, on arrive si vite à la calomnie ! En Province il n'y a pas moyen d'échapper à l'esprit d'inquisition qu'on exerce incessamment les uns sur les autres. Les maisons sont de cristal pour ainsi dire, de sorte que la vie de chacun n'a de secret pour personne. On conçoit que dans un tel état de choses les petites villes de Province se ressemblent toutes entre elles, que leur séjour est d'une écrasante monotonie et ne présentent pas de ces types fortement dessinés qu'on observe dans Paris en si grand nombre.

Il ne faut donc pas chercher d'abord dans nos départements autre chose que les vertus, les vices et les travers, qui appartiennent à l'humanité. L'habitant du Bourbonnais, comme celui du reste de la France, a ses petites passions généreuses et méchantes. Asmodée, le spirituel et malin Diable-Boiteux, conduirait l'écolier don Cléophas dans une de nos villes Bourbonnaises, qu'il trouverait très certainement à lui montrer les mêmes misères et les mêmes ridicules en présence desquels il l'a mis dans Madrid ; il lui ferait voir chez nous, comme

comme en Espagne, de sordides avares, d'adroits filoux, des maris trompés, des amoureux surannés,

des femmes qui font concurrence aux filles galantes, des ménages en désordre, des aventures à défrayer cent romans, des dévots hypocrites, des chambrières et des valets qui vendraient leurs maîtres dans un sac, d'effrontés mendiants, une foule de fous qui ne sont pas aux petites maisons, des jaloux mystifiés, des neveux qui font des prières du matin au soir, pour qu'il plaise à Dieu de conduire leur oncle au plus tôt en paradis ; de faux amis, de vieilles coquettes,

de méchants poètes et de ridicules écrivains, d'insupportables oisifs, des fourbes de toute sorte et des riches parvenus qui se donnent des airs de grands seigneurs ; que sais-je encore? Tous ces types n'appartiennent pas à un seul pays, à une seule époque : ils sont de tous les lieux et de tous les temps. Ne nous inquiétons donc pas de ces étranges individualités. Nous préférons passer sous silence toutes ces faiblesses humaines, et peindre avec les couleurs les plus vraies que nous pourrons trouver, quelques tableaux qui nous fassent connaître ce qu'il y a de pittoresque et d'original dans notre pays.

LE BOURBONNAIS EN GÉNÉRAL.

On a remarqué que le caractère physique et moral de l'homme se liait intimement à la nature et à la configuration du sol qu'il habitait. Les populations de la Bretagne, de l'Auvergne, de la Flandre, de la Provence, si diverses d'aspects, n'appartiennent pas à la même race, et ont une physionomie toute particulière, qui se revèle dans leur langue, dans leur costume, comme dans leurs monuments. Il n'en est pas absolument de même du Bourbonnais, formé aux dépens de trois provinces limitrophes. Quand on jette un coup d'œil général sur le pays, on voit que ses habitants doivent avoir une organisation, un tempéramment différents suivant les lieux. Ceux du Sud tiennent de l'Auvergnat; ceux de l'Ouest tiennent du Berrichon; ceux du Nord et de l'Est ont plus de rapports avec le Bourguignon. Ces trois nuances, toutefois, se fondent au centre, entre l'Allier et le Cher. Aussi ne vois-je de distinction réelle à établir qu'entre l'habitant de la plaine et celui de la montagne.

L'HABITANT DE LA PLAINE.

Il ne se distingue ni par de grands vices, ni par de grandes qualités. Chez lui le cœur l'emporte sur la tête. Il est bon et affectueux, attaché au sol qui l'a vu naître, au clocher du village, à la maison paternelle; il a l'ame douce et bienveillante. Il est *glorieux*, comme on dit dans le pays. Il aime le faste extérieur. Il préfère pâtir que de se passer de beaux habits. Il s'ôtera le pain de la bouche pour sé donner le plaisir d'avoir le plus futile colifichet. Aussi a-t-on dit avec raison : *Bourbonnichon, habits de velours, ventre de son.* Ajoutez à cela qu'il est paresseux et oisif, sans spontanéité et sans ardeur. Nulle ambition ne le domine ni ne l'entraîne. Il est là, et il y reste. Il a un champ, c'est à peine s'il en désire deux ; il a un négoce, il ne lui demande guère que de le faire vivre. Par crainte et par paresse, il a horreur de toute espèce d'innovation, quand bien même il devrait en retirer une fortune assurée. S'il a un sou, il le garde, et ne le joue jamais dans une spéculation ; il a oublié le proverbe : *qui ne hasarde rien n'a rien.* Tout peut s'agiter, se remuer autour de lui, les idées et l'industrie, il écoute leur bruit et ne s'en émeut nullement. S'il ne voyait pas de temps en temps la gelée et la grêle jeter la désolation dans ses champs, ses vignes et ses vergers, il soutiendrait, comme le docteur Pangloss, que tout est pour le mieux dans le meilleur des mondes possibles. Cette philosophie est excellente pour le bonheur de l'individu, mais elle nuit au progrès, à la grandeur de la société. Si tout est bien, à quoi bon chercher mieux ? *Vivamus dum licet esse bene*, comme dit Horace, vivons pendant que nous sommes bien. Voilà sans contredit la maxime que mes chers compatriotes mettent en pratique, sans y songer peut-être, ou plutôt sans oser se l'avouer.

Le moral se reflète sur le physique, dit-on. Chez nous, le physique n'a donc rien de vigoureux, rien de bien caractéristique, rien de fort original. La taille est médiocre et la force aussi. Ce n'est pas l'homme blond, le germain du Nord; ce n'est point non plus l'homme haut en couleur du Midi; c'est un mélange des deux races, une race mixte.

La figure est douce et honnête, l'œil est plutôt languissant qu'il n'est vif; les allures du corps sont sans ardeur et sans brusquerie, la parole n'a point d'éclat; la langue est paresseuse et escamote la moitié de chaque mot. Nous avons la singulière prétention de n'avoir point d'accent; or il est certain que nous chantons d'une manière assez gracieuse en parlant. De plus, nous avons quelques locutions tout à fait locales, parmi lesquelles les *ah !* et les *oh !* jouent un rôle étourdissant. Je défie deux Bourbonnais de lier conversation sans que ces deux monosyllabes ne sortent de leur bouche au commencement de chacune de leurs phrases. Et puis, ce sont des *dam*! en veux-tu ? en voilà ! Après cette exclamation, tout est fini. Dans ce mot, modulé de mille manières, il y a réponse à tout. Mais je ne veux pas épuiser le vocabulaire des idiotismes de notre langage, il y aurait trop à faire. En somme, ce langage n'a rien de désagréable, il a même quelque chose de sincère et de naïf qui plaît, à ce que bien des gens m'ont assuré, et cela surtout dans la bouche d'une jolie Bourbonnaise.

LE MONTAGNARD.

Chez l'habitant des montagnes, c'est une toute autre organisation, ce sont des mœurs toutes différentes.

Il est grand et robuste, laborieux et plein d'activité. La superstition fait le fond de son caractère; il est ignorant, et se laisse aller à toutes les brutales passions des peuples non civilisés. Sa vengeance ne connaît pas d'obstacles, de même que son hospitalité ne connaît pas de bornes. Il ne sait rien du monde au-delà de ses montagnes, et il est attaché au sol sur lequel il est né, comme les sapins des forêts qui entourent son hameau. Son patois tient des idiomes populaires du midi de la France. Nous nous réservons, dans un autre chapitre, de parler avec plus de détails de ses mœurs, de son costume et de ses croyances.

LE GRAND MONDE.

Si maintenant nous voulons jeter un coup d'œil sur la hiérarchie sociale du Bourbonnais, nous observerons les mêmes castes qu'on retrouve dans les autres provinces. Nous verrons d'abord les grands seigneurs de l'ancien régime, des marquis, des comtes en possession de noms illustres et de grandes fortunes; gens qui mènent une existence retirée, vivent de regrets et d'espérances, et conservent les illusions chevaleresques d'une époque déjà loin de nous. Par leurs idées ils tiennent du passé, mais ils ont le bon esprit de se rattacher au présent en améliorant le sol de leurs vastes domaines, ou en consacrant une partie de leurs riches revenus aux grandes spéculations industrielles qui semblent devoir assurer la prospérité du pays. Ceux-là ne déchoient pas du rang élevé qu'ils doivent à leur naissance, et conservent dans la société leur influence d'autrefois. Mais il en est d'autres qui, séquestrés dans leur manoir, végètent dans la solitude, oisifs et découragés, poursuivant en rêve des fantômes qui leur échappent, et attendant sans bruit des temps meilleurs. La famille lit quelque gazette légitimiste; le maître de la maison chasse sur ses terres; on finit la journée, l'hiver, au coin du feu; dans les beaux jours, sous les antiques charmilles du parc. On se voit de château à château. On reçoit le curé de l'endroit. La société est très restreinte mais aussi très sûre et très amicale. Dans le pays on aime ces gens pour le bien qu'ils font, et on les respecte pour les vertus qu'ils se lèguent souvent, de génération en génération, comme un précieux trésor que le ciel leur a confié. Par malheur, si leur charité est prodigue, il en est beaucoup d'entre eux qui dédaignent les affaires, dans notre siècle où l'on demande compte à chacun de sa force physique comme de son activité intellectuelle. Aussi, arrivera-t-il un jour où ils seront, s'ils n'y prennent garde, effacés, dévorés par les hauts barons de la finance et de l'industrie; car aujourd'hui la grandeur se mesure à la puissance, et la puissance à la fortune. C'est le cas de répéter : Noblesse des sentiments du cœur, élévation des facultés de l'esprit, que votre éclat est pâle à côté de l'éclat corrupteur de l'or!

LE RENTIER.

Aussi, considérez un honorable rentier, qui s'est acquis à force de travail et de persévérance le droit de se reposer, et vous verrez en quels termes orgueilleux il vous parlera de ses maisons et de ses fermes, de ses champs et de ses vignes, de ses fonds placés sur hypothèques, de ses acquisitions nouvelles, de ses économies, de sa cave, de ses enfants! Quel contentement de soi-même! Osez le contredire si vous n'êtes pas plus imposé que lui, et vous verrez comme son éloquence vous foudroiera. Dans cette nombreuse classe d'hommes qui sont arrivés à ne pas voir dans la vie d'autre but que d'attendre la mort le dos au feu et le ventre à table, qui tuent le temps, la nuit enfoncés dans un bon lit de plumes, et le jour en se délectant voluptueusement au soleil comme des lézards, vous trouverez les gens les plus ennuyeux, les plus bêtement suffisants que je connaisse ; ce qui n'empêche pas d'ailleurs qu'on ne doive mettre sur la tombe de chacun, après sa mort : « *Il fut bon citoyen*, *bon époux*, *bon père et bon ami* ». Pour la femme on fait une phrase qui ne rende pas moins hommage à ses vertus publiques et privées. En Province, du reste, cette ovation funèbre ne coûte pas cher. On peut se glorifier dans l'éternité sans faire tort à ses héritiers, quand on part pour ce lointain voyage de la vie future.

Le rentier est un homme essentiellement ami de l'ordre et de la paix. Il n'a qu'une passion politique, celle du *statu quo*. Il accepte sans discussion tous les faits accomplis, de quelque nature qu'ils soient, et il aime également tous les ministres, à quelque nuance qu'ils appartiennent; leurs noms lui importent peu. Sous tous les régimes, les ministres sont, à ses yeux, nécessairement, des hommes éminents et de grands citoyens. Pour lui, qui dit mouvement, progrès, dit révolution ; or, pour lui, toute révolution ne se présente que sous l'idée de quelque horrible tempête, de quelque désastreux cataclysme qui doit ébranler notre planète sur son axe. C'est dire qu'à ce mot le pauvre homme tremble de tous ses membres et se cacherait volontiers dans sa cave.

Le rentier est, en effet, le *lièvre* du genre bimane. Un soufflé, une ombre, un rien, tout lui donne la fièvre. Il a donc peur de tout, et comme tous les gens peureux il est excessivement crédule — C'est un homme toujours très rangé, très économe et très réglé dans ses habitudes. Ce n'est pas de ses jours qu'on peut dire *qu'ils se suivent et ne se ressemblent pas*. Il faut un évènement bien grave pour retarder l'heure de ses repas ou de sa promenade, et quand par hasard la chose arrive, il est malheureux au possible et d'une humeur massacrante.

Ses goûts d'ailleurs sont fort innocents : il aime son chien, sa chatte, ses fleurs. La pêche à la ligne est son exercice favori; la promenade un de ses premiers besoins. Toutefois, il n'aime pas à se promener seul. C'est une nécessité pour lui d'écouter ou de raconter : autrement il s'ennuierait; car il a un cerveau qui ne pense pas. Le seul organe qui fonctionne bien chez lui, c'est l'estomac.

A Moulins, vous êtes toujours sûr, dans l'été, de rencontrer le rentier à six heures du soir, enveloppé dans sa grande *anglaise*, sa canne sous le bras, au rond-point du cours de Bercy. Là il s'entretient avec deux ou trois connaissances; je ne dis pas deux ou trois amis, car le rentier est trop égoïste pour avoir des amis. Sa mémoire est le répertoire le plus complet des anecdotes locales. Il connaît l'âge, le revenu, la biographie de tous les personnages marquants de la ville, et sait la chronique scandaleuse sur le bout du doigt. Vous l'enchantez quand vous le questionnez sur ce sujet, et vous le transportez au troisième ciel quand vous prêtez une oreille complaisante à ses interminables histoires, toujours assaisonnées au gros sel.

Il mène, comme vous voyez, une existence fort heureuse. En somme, c'est un être tout à fait inoffensif. S'il ne fait pas de bien, du moins ne fait-il pas de mal, et c'est quelque chose dans le monde où nous vivons.

Le vieux Fermier.

Voir page 24.

LE BOURGEOIS.

Une classe intermédiaire à celles que je viens d'indiquer, c'est celle des bourgeois, propriétaires de race qui peuplent nos petites villes et nos campagnes ou ils mangent paisiblement les maigres revenus de leurs terres patrimoniales. Cette classe est honnête, considérée, mais oisive, paresseuse, bonne à rien. Son existence ne peut mieux se comparer, tant elle est restreinte, régulière et monotone, qu'à celle d'une huître dans sa coquille. Le bourgeois a passé inaperçu sur les bancs du collége, et plus tard a fait son éducation politique dans le *Constitutionnel*. Aujourd'hui il lit les journaux économiques à 40 f. Qui dit révolution, dit pour lui, massacre et partage des terres. La loi agraire est son croquemitaine. Sa vie peut se résumer ainsi : il mange, il se promène dans ses biens, chasse, mange de nouveau, joue, mange encore, et dort du sommeil des bienheureux. C'est l'égoïsme en chair et en os.

LE BOURGEOIS A PARIS.

Il fait une fois le voyage de Paris, et ne comprend pas qu'on puisse vivre dans cette ville au tumulte infernal. Il complote ce grand voyage pendant plusieurs années, et au jour fixé, jour solennel dans sa vie, où il ferait son testament s'il ne craignait le ridicule, il embrasse sa femme et ses enfants en pleurs, et prend un coin dans l'intérieur d'une diligence. Le voilà empaqueté, serré pendant deux jours et deux nuits à peu près, mourant de faim, dévorant des tourbillons de poussière, et tempêtant dans sa prison où il ne peut remuer ni bras ni jambes. Enfin, il arrive, il débarque. Les douaniers le tracassent, les commissionnaires le martyrisent, les hôteliers le harcèlent; il est inquiet pour sa valise, inquiet pour sa montre, inquiet pour la ceinture de cuir qui renferme ses économies; car il sait que les provinciaux sont souvent victimes des innombrables voleurs qui battent le pavé de Paris. Il se fait conduire dans un hôtel qu'on lui a recommandé. Là on le case dans une petite chambre d'où il peut à peine apercevoir un coin du ciel. C'est alors qu'il regrette sa maison et ses domestiques. Pendant quinze jours, il visite les curiosités de la capitale, et marche de désenchantements en désenchantements, dans ces rues boueuses, où il ne trouve pas le plus petit palais de marbre qu'il se figurait dans son imagination. Cependant; comme il est de règle qu'il faut tout admirer, il admire tout sur parole; il envoie chaque jour à sa femme le bulletin de ses excursions; il lui détaille la carte de son restaurant, lui fait le récit des pièces qu'il a vues au théâtre; lui rend compte de sa visite à la Chambre où il a été introduit par la faveur spéciale du député de son arrondissement. Quand il s'est bien fatigué, bien ennuyé, il achète des jouets pour ses enfants, une robe pour madame, fait des commissions pour tous les habitants de sa ville, et repart en jetant un regard de mépris sur les fous qui préfèrent le séjour d'une cité si bruyante au calme éternel dont on jouit en province. Le brave homme s'imagine en toute conscience connaître Paris, et ne suppose pas que là, comme ailleurs, on puisse avoir des affections, des intérêts et une famille.

LES CANCANS.

C'est au sein de la bourgeoisie que s'élaborent les cancans, qui sont presque son unique et son plus doux passe temps. Vous connaissez la charmante comédie de Picard, *la Petite Ville*; rien de plus vrai, rien de mieux étudié. Sur les plus minces événements vous entendrez les commentaires les plus ingénieux, les amplifications les plus étourdissantes. La boule de neige qui grossit de plus en plus, est l'image le plus vrai du cancannage, qui est tantôt une innocente malice, tantôt une bonne médisance, le plus souvent une niaiserie pour laquelle les cent bouches de la Renommée trouvent mille échos retentissants. Sans le cancan, le bourgeois mourrait du spleen; et les femmes, grand Dieu ! dessécheraient sur pied comme des fleurs privées de la fraîcheur de la rosée et des regards du soleil! Et remarquez bien que les cœurs les plus honnêtes, les esprits les plus droits, se laissent entraîner à ce travers, tant il est enraciné dans les mœurs, tellement il est un impérieux besoin; pour cela seul, un Parisien prend les villes de nos départements en horreur. C'est là son grand cheval de bataille pour maudire la Province.

LES FEMMES.

Pour ce qui est des femmes de la bourgeoisie, elles sont, avant tout, excellentes mères de famille; le matin elles vont à la messe, le soir elles font leur partie;

le jour les vieilles tricotent, les jeunes brodent. Nos dames ont la haute direction de la cuisine, écument le pot au feu, et veillent à la basse-cour; c'est ce qu'on appelle, chez nous, une excellente femme de ménage; c'est la première qualité qu'on exige d'une jeune fille qui va se marier. Si, au besoin, elle peut suppléer le tailleur pour réparer les dévastations que subissent les habits de son mari, vous aurez une épouse accomplie. C'est un des plaisirs que lui réserve l'état de mariage. On s'est donné beaucoup de mal pour lui apprendre la musique: dès qu'elle est mariée il faut y renoncer; on lui a appris quelques langues étrangères: aussitôt mariée aussitôt la langue doit être oubliée. Jusque là, il est vrai, elle a nourri son intelligence de la *Morale en Action*, du *Robinson Suisse*, et des *Contes* de M. Bouilly; mais maintenant on lui permet les romans; c'est un nouveau monde de passions qu'on offre à sa curiosité. Ou bien elle ne les comprend pas, ou bien ils lui font tourner la tête, la poussent au sentiment, et la rendent fort malheureuse. Vous comprenez que quand elle compare les formes quelque peu rustiques de son maître légitime aux grâces séduisantes des héros qu'on lui dépeint, elle trouve fort triste et fort maussade leur chère moitié.

La vie que mènent les femmes dans notre Province leur serait un lourd fardeau, si elles n'avaient à un très haut degré le sentiment des devoirs que leur impose la famille. Les jours ne se passent point pour elles dans les plaisirs bruyants, dans les fêtes splendides, mais elles ont de calmes et doux loisirs et de tendres affections; en un mot, ces femmes vivent plus par le cœur que par les sens. Il va sans dire qu'elles ont une profonde admiration pour le génie de leurs maris, ces oracles de la maison, et qu'elles les aiment non point parce qu'ils sont jeunes et beaux, car ils peuvent être antiques et laids, mais parce que cela se doit, parce que la religion l'enseigne et que les mœurs l'exigent. Avec tout cela on fait de bons ménages; si l'on a peu de désirs, on a peu de mécomptes; si l'on n'a pas de joies retentissantes, on n'a pas de chagrins poignants : enfin on vieillit en paix et l'on meurt de même.

LE NÉGOCIANT.

En Bourbonnais il n'y a pas d'industries, ou, s'il en existe, elles sont si peu avancées que je n'ai rien à en dire. C'est un genre de spéculation qui demande une certaine audace et une activité qui ne sont ni dans les mœurs, ni dans les coutumes de nos chers compatriotes. Le commerce lui-même ne s'y fait que sur une fort petite échelle. Le boutiquier entre dans les affaires avec des fonds forts modiques qui ne lui permettent pas d'acquérir une grande fortune. Il a une petite clientelle, la sert de son mieux, et attend les événements. Ses gains suffisent pour le faire vivre. Il amasse quelques épargnes, achète une maison, ou une vigne, ou un champ, et quand, après quinze ou vingt ans, il a acquis quelques mille francs de rente, il se retire des affaires, et ne songe plus qu'à jouir en paix de l'humble revenu qu'il a gagné, sinon à force d'ardeur, du moins à force de patience. Il est modeste dans ses goûts, économe, casanier, peu avide; il attend les bonnes occasions plutôt qu'il ne court après elles. Aussi ne fait-il fortune que rarement. Il se contente de peu, parce qu'on sait vivre de bien peu dans notre pays. On se fait concurrence assez honnêtement. Chacun a ses pratiques qu'il conserve en les servant de son mieux. Le boutiquier est poli et a des manières engageantes; si, par sa faute, il perdait la confiance d'un chaland, c'en serait fait de sa maison, il serait abandonné, ruiné. En Province, où tout le monde se connaît, on est bientôt perdu de réputation, quand il y a lieu; aussi n'y voit-on pas de ces vils commerces qui se cachent dans l'ombre, et de ces fraudes honteuses qui pourtant ne déconsidèrent pas toujours les marchands des grandes villes, plus ignorés et moins en vue. Notre négociant n'a donc pas le génie des affaires, mais il reste estimé et honoré; aussi est-il très rare qu'il ait des démêlés avec la justice. Avec aussi peu d'ambition qu'il en a, on conçoit donc qu'il vive médiocrement, qu'il gagne une fortune médiocre, qu'il ait enfin des désirs médiocres et faciles à satisfaire.

LE PROLÉTAIRE.

Quant aux ouvriers, aux prolétaires, que l'éducation n'a pas façonnés, il y en a de toutes les humeurs. Cependant on peut dire qu'ils ont peu d'ardeur pour le travail; ils gagnent leur vie au jour le jour, sans se soucier trop de l'avenir. Ils n'ont pas toutes les mauvaises passions des ouvriers des cités manufacturières, mais ils n'en ont ni l'entrain, ni l'habileté. Ils font leur besogne avec soin, chacun dans sa spécialité, mais ils ne cherchent pas le mieux. Quand ils savent leur métier, ils font leur tour de France, c'est de règle. Souvent ils perdent, à la suite de ces voyages, les habitudes tranquilles de leur province; mais quand ils sont de retour, ils rentrent dans la vie commune, s'attachent à une maison, et, en général, pour ne la plus quitter. Toute la semaine l'ouvrier fait sa tâche; le dimanche est pour lui un jour nécessairement consacré au repos, et le plus souvent au plaisir du cabaret; mais il ne fait pas toujours le lundi comme le prolétaire parisien. Il vivotte ainsi jusqu'à ce qu'il puisse être son maître, avoir son atelier à lui et son commerce. Alors il se transforme, se range, et devient un honnête négociant. C'est à peu près la vie de l'ouvrier partout, sauf que le nôtre se soucie fort peu de réformes sociales; car, il faut le dire, la discussion politique n'a pas encore envahi nos cabarets : elle est restée dans les estaminets où elle sert de passe-temps à tous nos jeunes Brutus. Les cabarets sont la perte de l'ouvrier, non point parce qu'il s'occupe de réformer le monde, d'améliorer le sort du genre humain, mais parce qu'il finit par s'y livrer à l'ivrognerie, et par en subir toutes les désastreuses conséquences.

LE CAMPAGNARD OISIF.

Si le hobereau n'existe plus, si l'on ne trouve plus dans nos campagnes de ces honnêtes gentilshommes qui se croyaient plus nobles que le roi et plus catholiques que le pape; qui, dans leur rustique manoir, outraient jusqu'au ridicule les airs du grand monde, les belles manières, le langage précieux et l'étiquette en usage à la cour, nous avons en compensation le campagnard oisif, espèce de paysan civilisé, chasseur intrépide et grand culotteur de pipes. Au lieu de castel, il habite une petite maison bien badigeonnée et surmontée de deux girouettes. Les dimanches et les jours de marché, il arrive au grand galop dans le chef-lieu du canton. Ses affaires terminées, si tant est qu'il en ait, il n'a rien de plus pressé que d'aller au café faire sa partie de billard. C'est un Lovelace redouté des mères de famille à deux lieues à la ronde. Pour la littérature il est abonné au *Magasin pittoresque*, et pour la politique au *Siècle* ou à *la Presse*. C'est dans ces deux feuilles périodiques qu'il forme son intelligence et son cœur. Il est l'ennemi juré des braconniers, et ne manque pas l'occasion de leur faire un bon procès. Pour lui, il a deux chiens courants avec lesquels il fait une guerre acharnée aux lièvres de ses guérets et de ses bois; quelquefois même il va jusqu'à poursuivre les renards. Il fait partie du conseil municipal de sa commune et en est le plus éloquent orateur. Il faut l'entendre parler sur la question des chemins vicinaux, question brûlante où tous les intérêts sont mis en lutte, et qu'on ne peut comparer qu'à cette fameuse *question d'Orient* qui a fait divaguer si fort tout le monde dans ces derniers temps.

Il est sceptique, railleur et impérieux dans sa maison; il est sans gêne et sans façon partout ailleurs. Il est pétri d'amour-propre et sait tout au plus mettre l'orthographe. Vous comprenez qu'il méprise les siences comme des choses futiles, et qu'il ne goûte en fait de poésie que les élégies érotiques ou les chansons à boire; aussi s'incline-t-il avec respect devant le buste de Pi-on ou de M. de Parny.

Assez généralement, le campagnard fait valoir quelques terres; alors il vous dira, avec une rare satisfaction de lui-même, qu'il est entre tous l'homme utile, l'homme indispensable de la société, puisque c'est lui qui fait venir le blé qui vous nourrit, et qui vous procure le vin que vous buvez et la viande qui compose vos meilleurs mets. Le pauvre paysan pourrait dire la même chose avec plus de raison. Le campagnard engraisse un certain nombre de bœufs, ce qui lui donne une fois l'an l'agrément de faire le voyage de Paris, de venir y prendre du bon temps et d'y retremper sa jeunesse dans les plaisirs.

LE FERMIER.

Ce que j'ai dit en général du caractère de nos compatriotes, s'applique surtout au paysan, qui a conservé mieux que les citadins ses antiques habitudes et ses mœurs primitives. Il y a parmi eux deux classes d'hommes dont la position est bien différente : celle des fermiers et celle des colons.

Celui-ci sait lire et écrire. Il connaît quelques principes d'agriculture, mais il est routinier; il cultive comme cultivaient ses aïeux d'il y a trois ou quatre cents ans, et ne se lance jamais dans aucune innovation. Il fait travailler ses terres par des domestiques ou par des métayers. Pour lui, il a assez à faire de surveiller ses ouvriers dans les champs, et de courir les foires en toute saison. C'est sur le commerce des bestiaux et des grains qu'il fonde toutes ses espérances de bénéfices et de fortune. Par malheur, il n'est pas doué non plus de l'esprit de spéculation. Il a beau vivre très frugalement, être économe et laborieux, il n'amasse que difficilement l'argent avec lequel il doit payer sa ferme. Il s'estime heureux, quand, à la fin de son bail, il est parvenu, comme on dit « à joindre les deux bouts. »

LE COLON.

Les révolutions n'ont pas encore atteint la classe des paysans; matériellement, ils sont ce qu'ils étaient il y a plusieurs siècles. Il nous semble que le sort des colons n'est guère meilleur que celui des serfs au moyen-âge. Ils ont gagné, il est vrai, l'égalité devant la loi, et ils ont le sentiment de liberté individuelle. Ce sont là des choses excellentes et magnifiques, mais qui ne donnent pas de pain à ceux qui en manquent, et n'améliorent guères le sort de l'indigent. Qu'importe ? les philosophes sont contents, ils ont sauvé la dignité humaine. Nos paysans sont toujours taillables et corvéables, quoi qu'on en dise. Ils sont nés pauvres, ils meurent nécessairement pauvres. Dans l'exploitation d'un domaine, ce sont eux qui ont toutes les peines et toutes les charges. De tout temps ils se sont réunis en communauté, sous la conduite d'un chef à qui son âge ou ses lumières donnent une certaine autorité. Tous les membres d'une famille s'associent pour cultiver des terres; hommes et femmes, jeunes et vieux, chacun prend sa part des travaux. On leur livre le sol; toute la main d'œuvre les regarde. Le fermier ou le propriétaire les loge, — et quel logis! — leur abandonnant un tout petit jardin, et la moitié de toutes les récoltes, ainsi que la moitié dans les bénéfices des bestiaux. Avec cela, il faut que la communauté se nourrisse, s'entretienne, paie tous les impôts, et à son bourgeois une certaine somme encore. Que l'année soit mauvaise, voici la communauté réduite à une affreuse misère : il faut souvent même que le fermier lui donne une partie de son blé pour l'empêcher de mourir de faim.

Comme c'est surtout les habitants de nos campagnes qui fourniront les principaux chapitres de ce petit livre, nous nous bornerons pour le moment à ce que nous venons de dire de leur position vis-à-vis des autres classes de la société.

LE LITTÉRATEUR.

Avant de parler de la Physionomie que présentent les principales villes de notre province, je crois devoir esquisser le portrait de quelques classes d'hommes qui, par leurs travaux et leurs professions, tranchent sur le fond uniforme de notre monde Bourbonnais. Je ne dirai que peu de chose des beaux-esprits qui cultivent les lettres, qui enrichissent de temps en temps de leurs élucubrations le journal du chef-lieu de leur arrondissement. Poètes ou prosateurs, ils ont la prétention de labourer le vaste champ de la pensée, un fonds dont personne ne voudrait pour hypothèque, et que tout le monde refuserait en viager. Ils suent sang et eau pour produire au jour les idées qui fermentent dans leur tête, et tous leurs efforts ne les conduisent, hélas ! souvent qu'au ridicule. Les riches titrés les regardent comme des révolutionnaires et des buveurs de sang; les rentiers comme des ambitieux; les bourgeois, comme des rêveurs; les industriels, comme des fainéants, et les prolétaires ne soupçonnent pas même leur existence. Le fond de leur caractère, c'est l'amour propre; ils se croient réservés à de grandes destinées; ils parlent avec emphase de leur mission; ils veulent dominer, et le monde se venge de leurs sublimes prétentions, en les attaquant sans cesse et sans pitié par tous leurs côtés faibles. Pauvres scribes que nous sommes ! On a peut-être raison en ne nous pardonnant pas de barbouiller de beau papier bien blanc, plutôt que de faire un bon métier comme tout le monde, qui rapporte de beaux écus sonnants, et partant, l'estime et l'admiration de tous les fervents adorateurs du veau d'or. Quant à moi, qui ai la faiblesse de me faire écrivain en livrant à l'impression les quelques pages que voici, il est clair que, par esprit de corps, je dois voir avec dédain, tous les gens, — d'ailleurs très honnêtes et très spirituels, — qui regardent les hommes de lettres comme des fous ou des chiens enragés, et promettre à mes chers confrères, qu'en dépit de toutes les clameurs dont ils sont assaillis, la postérité saura bien un jour rendre une éclatante justice à leur génie incompris. Avec cette consolante pensée, leur vie sera douce et pleine d'enchantements; ce que je leur souhaite de tout mon cœur, dans l'espérance qu'ils feront les mêmes vœux en ma faveur.

L'ARTISTE.

Quant aux artistes, en raison de leur tête tondue, ou de leur chevelure colossale, ils passent pour des extravagants. Leur barbe fait peur aux petits enfants. Ils sont confondus dans la même proscription avec les hommes de lettres. Aussi se soutiennent-ils, s'admirent-ils, s'encouragent-ils, se prônent-ils les uns les autres! A vrai dire, ces brillants météores ne resplendissent que de loin en loin dans notre province du Bourbonnais. On ne peut les considérer que comme de rares exceptions. Il en est à peu près de même de deux autres types que je veux essayer de peindre en pied et d'après nature : l'un c'est l'*Antiquaire*, l'autre *l'Archéologue* ; deux sortes de savants fort considérés et très dignes de l'être pour les services qu'ils rendent à la civilisation.

L'ANTIQUAIRE.

Mon antiquaire est vieux. C'est un homme persécuté. Aussi ne craint-il pas de vouer ses ingrats compatriotes aux dieux infernaux. Il a l'esprit morose et chagrin, et vit en misanthrope forcené. Il a honte des vices de l'humanité, et ne sort que le soir afin d'être moins exposé à rencontrer les visages de ses semblables. Le jour il se retire dans la partie la plus silencieuse de son logis, là où il a établi le sanctuaire de sa science ; là où il a projeté ses plus grands travaux et ses plus célèbres ouvrages. Nous l'avons vu, l'hiver, au coin de son foyer, enfoncé dans un antique fauteuil, la tête couverte d'une casquette vieille comme le temps et rabattue sur les oreilles, la figure à moitié cachée dans le collet d'une ample redingote ; nous l'avons vu, grave et sévère comme les sénateurs dans leurs chaises curules quand les Gaulois s'emparèrent de Rome. Il déplore la perte de sa gloire que des auteurs peu modestes lui ont ravie, et s'indigne de l'aveuglement du public qui se refuse à lire ses interminables élucubrations. Cependant c'est un fort grand savant, tout le monde vous le dira, car depuis quarante ans mon antiquaire l'affirme et on lui fait l'honneur de le croire sur parole. Il a écrit une foule de livres, restés en manuscrits, du plus haut intérêt. Il a traduit Tite-Live et César ; il s'est entouré du fatras de tous les commentateurs, et a épuisé les immenses ressources de son esprit sans pouvoir réussir à les mettre d'accord. Pour lui, les mots jouissent d'une élasticité sans bornes ; aussi est-il d'une force invincible en matière d'étymologie. Il vous prouvera sans réplique par quel mécanisme tous les noms de bourgs et de villes de son département dérivent du latin et surtout du celtique ; il a des mémoires longuement médités, dans lesquels on voit que tous les monticules sont des tombeaux gaulois, tous les plateaux des camps antiques, toutes les vieilles routes des voies romaines. Il n'a pas fait moins d'un in-folio pour savoir où était situé quelque *oppidum* fantastique, et dans quel point précis César a passé une rivière à la tête de son armée. Tous ces travaux doivent assurer à mon antiquaire une gloire impérissable, et faire la joie et le bonheur du genre humain.

Un de ses passe-temps, est de faire des peintures avec des petits coquillages, et d'imiter les fleurs avec des ailes de mouches et de scarabées.

C'est aussi l'homme des découvertes ; Christophe Colomb et Vasco de Gama n'étaient pas plus fiers en signalant l'existence d'un nouveau monde, que l'antiquaire quand il a trouvé un fragment de tuile à rebord, un débris de pot orné de moulures, ou une médaille. Alors son imagination travaille ; il prouve que là où il a vu ces belles choses, il a dû exister une villa romaine, ou quelque temple dédié à un dieu de l'Olympe.

Il est d'usage que l'antiquaire se fasse un *cabinet*. Il montre avec orgueil toutes les briques, toutes les terres cuites, toutes les pierres, toutes les monnaies, toutes les ferrailles qu'il a rassemblées chez lui. Il a des statuettes, des haches celtiques en silex, des poteries, et quelques curiosités aussi de Thèbes et d'Herculanum. J'en connais un qui est plus heureux de posséder une momie égyptienne que s'il avait tout l'esprit du monde. J'en connais un autre qui a acheté un terrain dans lequel il a découvert de magnifiques mosaïques, de superbes fragments de sculpture, de curieuses inscriptions, d'immenses vases. — Il a fait entourer son terrain d'une haute muraille, et défend la vue de ses trésors à ses ingrats compatriotes ; les étrangers seuls, moyennant une modeste rétribution, sont admis à contempler toutes ces richesses monumentales. Vous voyez jusqu'à quel point l'antiquaire peut devenir possesseur exclusif et jaloux.

Mais mon homme ne recherche pas seulement les antiquités. Son regard profond embrasse tout le cercle des connaissances humaines. Il cultive avec éclat la géologie, la minéralogie, l'astronomie, la botanique, l'entomologie, la terratologie, la phrénologie, la physiognomonie, l'astrologie, la physique, la chimie ; que sais-je encore? une foule de sciences dont je ne connais pas même le nom. Souvent il joint à cette érudition colossale un grand talent pour le dessin ; or comme il est écrivain habile, il résume en sa personne toutes les sciences, tous les arts, toutes les perfections, toute l'intelligence de l'humanité. Sans ce maudit proverbe qui veut que nul ne soit prophète dans son pays, on élèverait sans aucun doute des autels à mon savant après sa mort, quand on aurait publié ses œuvres posthumes.

L'ARCHÉOLOGUE.

Pour l'archéologue, c'est bien différent. Il a pour lui la naïveté et l'enthousiasme de la jeunesse. Il vit en imagination dans le moyen-âge ; tour à tour il s'assied au foyer des chevaliers de la table ronde, se cache au milieu des truands, assiste aux passes d'armes, s'agenouille dans les chapelles des monastères pour les offices de nuit, ne rêve que vierges et saints de pierre, et ne connaît que les chants des vieux poètes Romans.

L'archéologue fait de ses cheveux un large manteau pour ses épaules. S'il n'a pas de moustache c'est que la nature l'a traité en marâtre. Il serait désolé que son chapeau fût comme celui de tout le monde. L'habit lui semble un vêtement insuffisant et ridicule : il aime mieux la redingotte qui, boutonnée, a un air de parenté avec un justaucorps. Ses bottes sont pointues, afin de figurer des poulaines; il traîne à l'un de ses doigts un énorme anneau de cuivre ou d'argent fabriqué à grand peine par quelque Eloi des siècles passés, et il a l'agrément de mutiler la main de ses amis quand il la leur serre fraternellement. Le pauvre jeune homme d'ailleurs ne demande pas mieux que d'être long, maigre et sec il veut que la pâleur de son visage atteste les longues veilles qu'il a employées à débrouiller le chaos de notre histoire, à méditer sur les origines de la civilisation et à en chercher la formule.

Il a des manières graves et recueillies, il lève de temps en temps les yeux au ciel, car, il faut le dire, il se pique de religiosité. Il regarde avec pitié et dédain la folle jeunesse d'aujourd'hui, ivre de joies et de plaisirs, insouciante du passé et sans inquiétude pour l'avenir. Il se rattache de tout cœur au catholicisme, et regarde avec effroi les hautes intelligences qui se laissent entraîner dans l'abîme du scepticisme et de l'incrédulité. Il hante fort les églises, mais seulement celles du moyen-âge; alors il est en extase devant une ogive; son enthousiasme pour une rosace l'emporte dans des régions fantastiques; il chevauche en rêve sur les gargouilles, monstres de la terre et de l'Océan. Notre Archéologue est d'ailleurs fort beau à entendre quand il développe ses théories sur la mythologie de l'art chrétien. Il vous fera voir dans toute forme un symbole, une idée; pour lui, la cathédrale est l'arche de Noé capable de contenir toute l'humanité Sous ces voûtes sublimes, azurées comme la voûte céleste, l'ame s'élance sur des ailes de feu; le cœur s'humilie; l'intelligence est confondue. La cathédrale, c'est le corps et l'ame tout à la fois, l'esprit et la matière ; le passé, le présent et l'avenir ; c'est a multiplicité des parties dans l'unité, c'est l'image de Dieu. Arrière temple de Delphes! arrière Parthenon! vous n'étiez faits que pour des divinités de boue et d'argile ! vous n'êtes qu'un entassement de pierres conçu sans intelligence. Que nous fait Phydias avec son Thésée, et son Illissus, et ses Panathenées ! Que nous importent Appelles et Praxitèle ! Oh ! combien est plus admirable l'artiste du moyen-âge ! du moins ce sont ses passions, ses croyances, sa vie, qu'il sculptait, qu'il peignait partout. Amour et haine, prière et vengeance, histoire et satyre, il a tout compris dans son inspiration. La cathédrale est une cité habitée par un peuple de statues prêtes à ouvrir leur bouche de pierre, pour célébrer la gloire de l'architecte qui a conçu ce gigantesque monument. Oh ! vous tous, venez dans ce poétique sanctuaire, laissez votre esprit en liberté sous ces antiques arceaux. Voyez comme toutes ces figures de saints, peintes sur ces vitraux, s'animent sous l'éclat du soleil ! Quel prestige il y a dans le jeu de l'ombre et de la lumière, entre tous ces piliers, dans toutes ces nefs ! Quel spectacle imposant ! Quels chants tour à tour tristes comme la mort, graves comme la voix de la justice éternelle ? Silence ! n'entendez-vous pas mille harmonies qui semblent descendre du ciel ? Ne voyez-vous pas des légions d'anges avec des harpes d'ivoire passer sur des nuages d'encens ? Les voûtes du temple s'entrouvrent ; des colonnes d'or semblent s'élever jusqu'au firmament ; les astres paraissent suspendus dans l'espace comme des lampes sacrées dignes de brûler devant Dieu. Ainsi que le prophète Elysée, votre ame est emportée dans un char de feu.... Je demande grâce; je ne puis aller plus foin; il n'y aurait d'ailleurs pas de raison pour finir ces phrases que j'entends sans cesse bourdonner à mes oreilles, et qui sont très à la mode dans une foule de livres. D'ailleurs tout le monde les sait, et mon Archéologue mieux que qui que ce soit; aussi ne nous a-t-il pas ménagé. Pour couper court à ses belles paroles, je vais dévoiler les secrets de sa collection d'objets rares et curieux. C'est un fouillis, un chaos; mille objets de formes et de matières diverses sont entassés pêle-mêle dans une pièce étroite. On y entre avec la plus grande précaution, en soulevant une portière de damas rouge en lambeaux. La première chose qui vous frappe, c'est que la lumière y arrive mystérieusement à travers des fragments de vitraux appendus aux fenêtres. Les fauteuils sont en chêne ciselé; les murs sont en partie tendus de pièces de cuir basané et ouvré. Les meubles se composent d'un gigantesque bahut découpé de trèfles, et d'un dressoir à caryatides. Cà et là des porcelaines de Chine, des émaux de Limoges et des faïences de Nevers confondent leurs débris. A l'angle de la pièce se dandine une armure dépareillée, rouillée et bosselée; au plafond est suspendu un crocodile du Nil qui se mire dans une glace de Venise; un Missel à miniatures est ouvert près d'une tête de mort. C'est ensuite une foule de petits riens arrachés aux dévastations du temps et des hommes. Enfin, quelques tableaux peints sur bois ou sur cuivre le plus souvent

effacés, grattés, retouchés, font l'orgueil de leur bienheureux possesseur. Voilà, j'espère, des souvenirs, de l'art, de la gloire, de la science !

Vous comprenez que l'Antiquaire et l'Archéologue sont les deux antipodes ; qu'ils se traitent l'un l'autre de barbares, et que celui-ci méprise les objets du culte de celui-là, et réciproquement. L'un est le païen, l'autre est le chrétien ; l'un est un sceptique, l'autre un croyant ; l'un a fait son éducation dans les livres classiques, l'autre puise sa science dans la philosophie allemande, et ses inspirations dans nos livres de poésie moderne.

Tous les deux marchent en arrière, mais parallèlement, de sorte qu'ils ne se rencontreront jamais ; ce qui fera infiniment plaisir à quiconque voudra les faire poser encore dans une *Physiologie*.

LE BAS BLEU.

Il n'est pas rare de rencontrer chez nous des femmes beaux-esprits. Je leur ai toujours vu beaucoup d'imagination et de mémoire. Leur vie se passe à lire et à rêver. Elles sont folles de poésie, et savent par cœur les élégies de Lamartine. Leur ame cherche toujours une ame qui soit leur sœur. Or, comme il est rare que leur ame anime un beau corps, elles ne trouvent pas cette sœur; ce qui remplit leur existence de chagrins et d'amertume. Ne croyez pas que la poésie seule les séduise. Les romans leur procurent des émotions sans cesse renaissantes. La philosophie sociale a même des charmes pour elles. Quant à la musique, elles en sont fanatiques. Nous les avons tous vues frapper avec un laissé aller plein de mélancolie, les touches d'une épinette séculaire, roucouler tendrement les romances de Frédéric Berat ou de Loïsa Puget, ou déclamer les grands morceaux des opéras à la mode.

Leur tête est un véritable catalogue ; elles connaissent les noms et la vie de tous les hommes célèbres du temps ; elles ont lu leurs ouvrages, les jugent audacieusement, et savent par cœur les critiques que les journaux en ont publiées.

Le Bas-Bleu a toujours dans sa mise quelque chose d'extraordinaire, mais qui varie suivant les caprices individuels. Il impose aux sots par sa loquacité et son assurance. On le craint parce qu'il a mauvaise langue ; on le recherche souvent parce qu'il distrait ; on lui fait bon accueil par politesse, mais par derrière on le ridiculise, on le déchire sans pitié ni merci.

Le tricot est pour le Bas-Bleu le dernier degré d'abrutissement. Il regarde avec dédain les femmes assez vulgaires, pour s'occuper des soins du ménage. Il fuit leur société, où l'on ne parle que des choses communes de la vie et quand il daigne descendre à ces conversations terre à terre, c'est qu'il serait obligé de cadenasser sa bouche pendant trop long-temps : supplice affreux !

Le Bas-Bleu ne manque pas un concert, un spectacle. Il pleure dans les situations les plus pathétiques des drames modernes et donne le signal des applaudissements. Il méprise la gaîté du vaudeville, dédaigne les fureurs du mélodrame, bâille aux tirades des tragédies classiques. MM. Hugo et Dumas sont les génies qu'il admire au théâtre. Car enfin, il faut le dire, le Bas-Bleu est ultra romantique.

Les femmes beaux-esprits font peur aux hommes ; elles restent ordinairement dans le saint état du célibat. Mariées, ce sont d'indomptables démons, de véritables tyrans domestiques. Quand elles ne peuvent mieux faire, elles s'en tiennent à l'amour platonique, à l'hymen des cœurs, à l'union des ames ; ce qui, après tout, est fort innocent. Mais quand elles sont passées à l'état de vieilles filles, oh ! alors, que le diable les emporte !

LES HOMMES DE LOI.

Je ne parlerai pas des notaires, des avocats, ni des avoués. Ils sont ce que je les ai vus dans tous les lieux ; je ne dis pas ce qu'ils ont été dans tous les siècles, Dieu m'en garde ! car je me rappelle un vieux proverbe qui n'est rien moins que flatteur :

Les avocats
Sont des liches plats ;
Les procureurs
Sont des voleurs ,

disait-on autrefois : je me plais à croire qu'il n'en est plus ainsi ; autre temps, autres mœurs sans doute. Je ne les connais pas assez pour en dire du bien ou du mal ; je sais seulement que les avocats sont toujours, malgré eux et à leur insu, les plus insupportables bavards, les parleurs les plus diffus, les plus osés diseurs de riens qu'on puisse rencontrer. C'est un défaut qui tient plus au métier qu'aux personnes ; aussi, comme tout le monde, ai-je pour amis une foule d'avocats que j'aime et que j'admire... mais quand ils ne plaident pas.

LES MÉDECINS.

Les médecins sont bien changés depuis Molière. Je les crois à l'abri des ridicules que ne leur a pas épargnés le célèbre poète comique. Ils sont de nos jours hommes du monde avant tout, et n'étalent plus ce fatras scientifique, cette prétentieuse technologie qui était autrefois si fort à la mode. Sans doute, il y en a de fort ignorants, et je pense qu'il y a une foule de malades qui n'ont pas la consolation de quitter suivant les règles cette terre de misère. Mais ceux-là ne peuvent se plaindre.

Les médecins sont les esprits forts du pays ; ils tiennent le haut pas dans la science, et marchent avec l'élite de la société intelligente. Leur métier ne les enrichit guère, car, vis-à-vis d'eux, crédit n'est jamais mort ; et crédit est un Dieu bien trompeur, que j'ai toujours vu brûler en effigie à la fin du carnaval.

La condition du Médecin de campagne est pleine d'ennuis et de fatigues. Il passe ses nuits et ses jours à cheval, cheminant de village en village, de ferme en ferme, et voyant de pauvres malades tout le long de sa route. Il ne s'appartient jamais, quelle que soit l'heure et quelque temps qu'il fasse; aussi mène-t-il une vie tout à fait nomade. Comparé à lui, le médecin de ville est un véritable aristocrate, un des heureux de ce monde; celui-ci se promène suivant l'antique usage, la canne à la main, et a de bons clients qui le paient bien. Le médecin de campagne, au contraire, perd souvent ses peines, a sans cesse à lutter contre la boue des chemins, les ardeurs du soleil, les rigueurs du froid, ou les atteintes de la pluie. Il soigne plus de pauvres que de riches; et souvent même il est obligé de fournir à ses frais les médicaments qu'il prescrit. S'il fait des heureux, il trouve aussi bien des ingrats; mais il est philosophe. Il fait le bien, et on l'estime. Un médecin remplit une belle mission; il est une autre providence pour les familles dont il devient l'ami et le conseiller. — Pour ce qui est des mauvais médecins, par ma foi, il y aurait trop de choses à dire; je préfère me taire.

DEUXIÈME PARTIE.

QUELQUES VILLES BOURBONNAISES.

MOULINS.

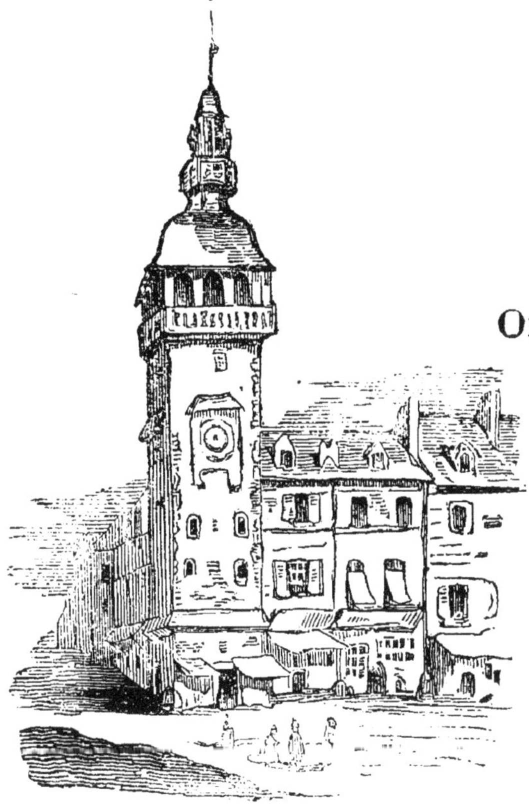

On regarde Moulins comme une fort jolie ville, et l'on a raison; surtout quand on la compare à ses voisines, à Bourges, à Clermont et à Nevers, dont les rues sales, tortueuses, escarpées et sombres, sont loin d'être agréables, soit pour les yeux, soit pour l'imagination.

Moulins, dit-on, n'a rien de grandiose, rien qui étonne, rien qui ait exigé beaucoup d'efforts et de longs travaux. Les maisons y sont propres et simples, ce qui n'empêche pas qu'elles aient quelque élégance et un peu de coquetterie dans leurs atours. A l'extérieur, elles sont peintes, vernies et bien badigeonnées; à l'intérieur, le confort n'y est pas négligé. Ce qui donne à Moulins sa physionomie riante, ce qui lui fait une place à part parmi les autres cités, c'est sa ceinture de promenades. Là c'est un berceau de tilleuls, ici une avenue d'ormeaux; plus loin vous rencontrez une allée de platanes; ailleurs un rideau de peupliers. Vers le faubourg de l'est, vous voyez des jardins bien cultivés et fort agréables; à l'ouest, se trouve l'Allier et son magnifique pont, et, à l'horizon le plus éloigné, des montagnes dont les formes vaporeuses se confondent avec l'azur du ciel.

Ce qui manque à Moulins, ce sont les aspects pittoresques, les terrains accidentés et les curiosités naturelles. Notre ville a perdu même ce qui, dans les siècles passés, la distinguait d'une manière éclatante : ses édifices civils et religieux. Quand on a vu la *mal-coîffée*, la tour de Jaquemart, la cathédrale et le magnifique tombeau du duc de Montmorency, il n'y a plus rien d'intéressant, à moins qu'on aille dans la bibliothèque publique, à l'hôtel-de-ville, examiner la fameuse bible manuscrite de Souvigny, qui est connue de tout le monde savant.

Quant aux habitants, on dit encore qu'on ne peut leur refuser cette aménité de caractère, cette vénusté de langage, cette vivacité d'allures, cette spontanéité d'esprit, ces manières faciles qui répandent tant de charmes dans les réunions et les sociétés! Je sais bien qu'on trouve dans ce caractère trop d'indolence, dans ce langage trop peu de profondeur, dans ces allures pas assez de noblesse, dans cet esprit trop de frivolité, dans ces manières quelque chose de prétentieux. Mais nul n'est parfait sur cette terre de misères.

Les principaux négociants occupent les rues d'*Allier* et de l'*Horloge*. Les magasins y ont assez d'apparence et ne manquent pas d'un certain bon goût. On n'y vend guères que des marchandises d'importation, car la capitale du Bourbonnais ne compte à peu près aucune fabrique. Le quartier Saint-Germain de la ville est représenté par les rues de Paris et des Augustins. C'est là qu'on voit les hôtels des grands seigneurs du pays. Les autres rues appartiennent à la bourgeoisie et au petit commerce. Dans les faubourgs sont établis des cultivateurs et des jardiniers.

LE MARCHÉ.

C'est sur la place d'Allier que se tiennent les marchés. Le vendredi est le grand jour de l'approvisionnement de Moulins. La veille, vous voyez arriver par toutes les routes les voitures des *coquetiers*, chargées de *bannes* pleines d'œufs, des paniers garnis de volailles et de veaux les quatre pates liées et la tête pendante. Le coquetier est la providence qui pourvoit aux besoins matériels de la ville. Durant la semaine, il achète dans les fermes toutes ses provisions, et revient les vendre au marché. Les laitières endimanchées apportent de leur côté le produit de

leur étable, de leur basse-cour et de leur verger: le beurre et le fromage, les poules et les canards, les oies et les dindes. Une particularité à noter, c'est que si la femme tient sa volaille la tête en avant, c'est signe que la bête

peut être achetée ; si, au contraire, la bête a la tête en

arrière, cela veut dire qu'elle n'est pas à vendre. Le vendredi matin, la ville présente donc un aspect un peu plus animé que de coutume.

LE LION.

Si nous voulions examiner les diverses classes de la société moulinoise, il nous resterait peu de chose à noter après ce que nous avons dit plus haut. Nobles, rentiers, commerçants, prolétaires, ils sont tels que nous les avons déjà dépeints. Chaque classe vit séparément, sans bruit et sans éclat. Mais Moulins a ses incroyables, ses *lions*, comme on dit maintenant. Ce sont des jeunes gens à qui la naissance a donné des rentes qu'ils mangent, comme c'est leur droit, de la manière qu'ils trouvent la plus agréable. Vous pensez bien qu'ils donnent le ton, et qu'ils sont la plus brillante expression de la fashion provinciale. Toute leur toilette est parisienne. Leurs habits viennent de chez Human ou Chevreuil, leurs chapeaux de chez Gibus, leurs bottes de chez Sackoski, et leur canne de chez Verdier. Tout cela est très bien porté, je vous assure.

Leur luxe consiste surtout à avoir de nombreuses meutes de chiens anglais ou bretons, et de beaux chevaux avec lesquels nous les avons vus faire des espèces de courses au clocher, d'où plus d'un héros est revenu confondu et meurtri.

La vie de nos lions est pleine de douceur et d'enchantement. Ils sont de ceux qui vivent pour manger, jouer et s'amuser. C'est bien, mais ce n'est pas tout. Une belle chasse au loup ou au sanglier, dans une grande forêt, avec deux ou trois cents chiens qui font une musique infernale, a bien son charme aussi. Il n'y a que la grosse bête qui soit digne de leurs exploits, et à vrai dire, il en font tous les ans un glorieux massacre.

Ce qui manque au paradis terrestre du lion moulinois, c'est la *lorette;* nous ne connaissons point chez nous de ces heureuses mortelles, qui vivent de caprices, de folies ; qui marchent de plaisirs en plaisirs, de fêtes en fêtes, comme les papillons volent de fleurs en fleurs. Il n'y a que Paris qui ait le bonheur de posséder ces belles indépendantes qui, après avoir vécu comme des duchesses, finissent par mourir, tristes et délaissées, sur le grabat d'un hôpital. Le lion, en compensation, jette son dévolu sur les actrices qui viennent, plusieurs fois l'an, amuser les loisirs de nos compatriotes. Chacun prend celle qui lui convient, et en fait la joyeuse compagne de ses plaisirs occultes. Nos lions, d'ailleurs, sont polis, élégants, et ont du savoir-vivre; ce qui fait qu'on leur pardonne leurs habitudes qui semblent une tradition des mœurs de la Régence.

LES DAMES MOULINOISES

A notre connaissance, il n'y a pas de femmes, à Moulins, qu'on puisse réellement ranger dans la classe des *lionnes* : race ardente, emportée, hautaine, volontaire, effrontée. Nos dames, je crois, ont le caractère léger et frivole par dessus tout. Pourtant on n'entend guère raconter de ces histoires scandaleuses dont tant de petites villes sont le théâtre.—Elles suivent les modes du plus près qu'elles peuvent. Leur coquetterie est assez raffinée. Quand elles sortent le dimanche, vous les voyez étaler leur plus beaux cachemires, leurs robes les plus précieuses et leurs plus riches parures. Ce sont de véritables châsses ambulantes. — Elles parlent avec grace et facilité; mais avec une afféterie qui gâte un peu leur conversation. Autrefois nos dames avaient la réputation d'être joueuses ; je ne crois pas qu'on puisse trop,de nos jours, leur appliquer ce reproche. Elles sont dévotes, il n'y a pas de mal ; elles aiment le bal, c'est permis. Les passions ne *ravagent* guères leur cœur, et troublent rarement la sérénité habituelle de leur existence domestique. Aussi ces femmes sont elles heureuses autant qu'il est donné de l'être à une créature humaine, modeste dans ses goûts et ses désirs. Renfermées dans le cercle de la famille,elles y trouvent la paix et de calmes jouissances qui n'amènent presque jamais ni chagrins, ni regrets. Mais j'oubliais de dire qu'elles ont partout la réputation d'être jolies. C'est le cas de rendre à César ce qui est à César, et d'ajouter mon très humble suffrage à celui de tout le monde.

LES JEUNES-GENS.

A côté de la jeunesse dorée de Moulins, il y a une jeunesse bourgeoise pour les habitudes de laquelle je ne me sens pas une très vive admiration. Celle-ci est oisive et fainéante. Elle passe la moitié de ses jours et de ses nuits dans les innombrables cafés ou estaminets, comme vous voudrez, dont la ville est remplie. Là, on joue, on parle politique, on boit, on crie, on se dispute, et l'on est enchanté comme si l'on avait fait les plus magnifiques prouesses. Que voulez-vous ? Il n'y a pas le plus petit grain d'ambition dans ces têtes ! C'est bien le cas de dire que ces braves jeunes gens prennent le temps comme il vient et l'argent pour ce qu'il vaut. Tuer la journée, semble leur devise. Quant à un but dans la vie, ils n'en ont aucun. Ils laissent l'eau couler, et attendent, avec une admirable insouciance, les circonstances qui feront d'eux des hommes sérieux. Ceux-ci sont clercs dans quelque étude, ceux-là commis dans quelques magasins, ou employés dans quelque administration. Les uns s'amusent en attendant un héritage ; beaucoup d'autres spéculent sur les brouillards de l'Allier. Quand leur âge les force d'entrer dans la vie positive, ils y apportent une malheureuse incurie pour tous leurs intérêts et un déplorable laisser-aller dans toutes les affaires ; aussi restent-ils dans la médiocrité où ils sont nés; aussi notre capitale bourbonnaise n'est-elle pas une ville opulente. Il y a un proverbe qui dit : *Riche Nevers, gueux Saint-Pierre et glorieux Moulins*, et qui dit vrai.

LA GRISETTE.

Notre jeunesse bourgeoise a un penchant très prononcé pour la *grisette*. A ce dernier mot, vous m'arrêtez et vous me demandez sans doute si la grisette existe réellement hors de Paris, et même dans Paris, hors du quartier latin? J'avoue que l'observation me semble juste. Cependant on ne peut nier qu'il n'existe dans nos villes provinciales une variété de ce type. Voici comment je crois l'avoir observée à Moulins. Le physique de nos grisettes est en général assez favorisé par la nature ; leur taille est petite, mais souple et bien prise. Je suis fâché de reconnaître qu'elles ont le pied un peu large ; que voulez-vous? les sabots qu'elles ont portés presque toute leur vie n'ont guère pu rendre mignonnes chez elles les bases de sustentation. Leur croupe est arrondie, et cela sans le secours des sous-jupes en crinoline Oudinot, qui boursoufflent si agréablement la maigre échine de plus d'une dame à la mode de notre connaissance. Regardez passer une de nos grisettes, et vous la verrez, l'œil fripon, le nez au vent, la bouche souriante, la figure rayonnante de santé, et fière de son teint frais et fleuri. Avec son bonnet orné de rubans, sa robe de gaze, elle a une tournure fort piquante. Je trouve qu'elle est gentille plutôt que belle, et qu'elle a un minois fin et gracieux plutôt qu'une physionomie à caractère. Enfin, son langage a des allures assez vives et qui même ne manquent pas d'une certaine naïveté.

La grisette a l'humeur enjouée et l'imagination fort peu romanesque. C'est dire qu'elle est plus sensuelle que sentimentale. Elle ne choisit pas dans le firmament d'étoile qu'elle soit convenue avec son amant de regarder à une certaine heure de la nuit. Elle se soucie fort peu de ce lien mytérieux qui unit les ames d'élite. Les passions ne tourmentent pas non plus sa riante jeunesse. L'amour même n'a jamais jeté de profondes racines dans son cœur. Son esprit insouciant et frivole ne prend rien au sérieux. Du reste, loin de se laisser guider par l'intérêt, elle ne connaît de lois que son caprice du moment. Elle s'attache vite et sans façon, et se détache sans plus de souci. Je n'ai pas besoin de dire qu'elle est très friande de danse. Les grisettes les plus osées ne manquent pas un bal de la salle de Flore, où se trouvent quelques-uns de nos jeunes gens et de fort beaux dragons, quand ce ne sont pas de magnifiques cuirassiers. Les plus sages se contentent de danser dans les fêtes des environs et pour la noce de leurs amies. Car, il faut bien le dire, la grisette finit toujours par trouver un soupirant qui veut bien faire d'elle sa femme légitime; elle se marie, et on l'a vue fort souvent devenir une excellente mère de famille. Toutes cependant sont tourmentées par un désir qui les préoccupe sans cesse : celui d'aller à Paris chercher fortune. Paris leur apparaît dans le lointain comme le séjour du bonheur, c'est-à-dire le séjour des plaisirs, des chapeaux roses et des cachemires. Toutes rêvent un grand seigneur qu'elles séduiront et qui les épousera, et fera d'elles tout au moins des baronnes ou des marquises. Les proverbes ne mentent jamais, et ils disent que *Paris est le paradis des femmes;* de quelques-unes qui sont belles, qui sont riches, qui ont un nom titré, oui; mais non des pauvres filles qui arrivent de leur province, attirées par un éclat trompeur, et qui n'y trouvent que la misère et la honte. Comme des papillons étourdis, elles vont brûler leurs ailes inexpérimentées à la lumière qui brille devant elles. Pendant quelques années, l'enivrement des fêtes qui se succèdent leur fait une existence tissue d'or et de soie; puis la jeunesse se flétrit avant le temps; les amants s'en vont; elles n'osent plus retourner alors dans la ville qui les a vues jeunes et innocentes enfants, et elles deviennent la proie du vice qui les conduit toujours à une fin désastreuse. Voilà comment les rêves enchanteurs de nos ambitieuses grisettes se réalisent, et la funeste réalité qu'ils leur préparent.

LES ANIERS.

NE chose certaine c'est que, dans une ville dont la population est si indolente, si inerte, il n'y a rien de bien curieux à observer. C'est à peine en effet si l'on trouve çà et là quelques types originaux, quelque excentricité bizarre. Là dessus, il y a peu de chose à dire. Il y a quelques années, j'aurais signalé une classe d'individus que je n'ai vue nulle part ailleurs : je veux parler des âniers, dont notre ami, Ad. Michel, a fait une si piquante physiologie.

« L'ânier, dit-il, a une importance sociale dont se targuerait vainement toute autre variété de la gent *voyoux* · c'est un être d'une nature complexe. C'est d'abord un des instrumens dont se sert la providence municipale pour entretenir constamment la propreté de nos rues toujours malpropres. A la plaque numerotée qu'il porte

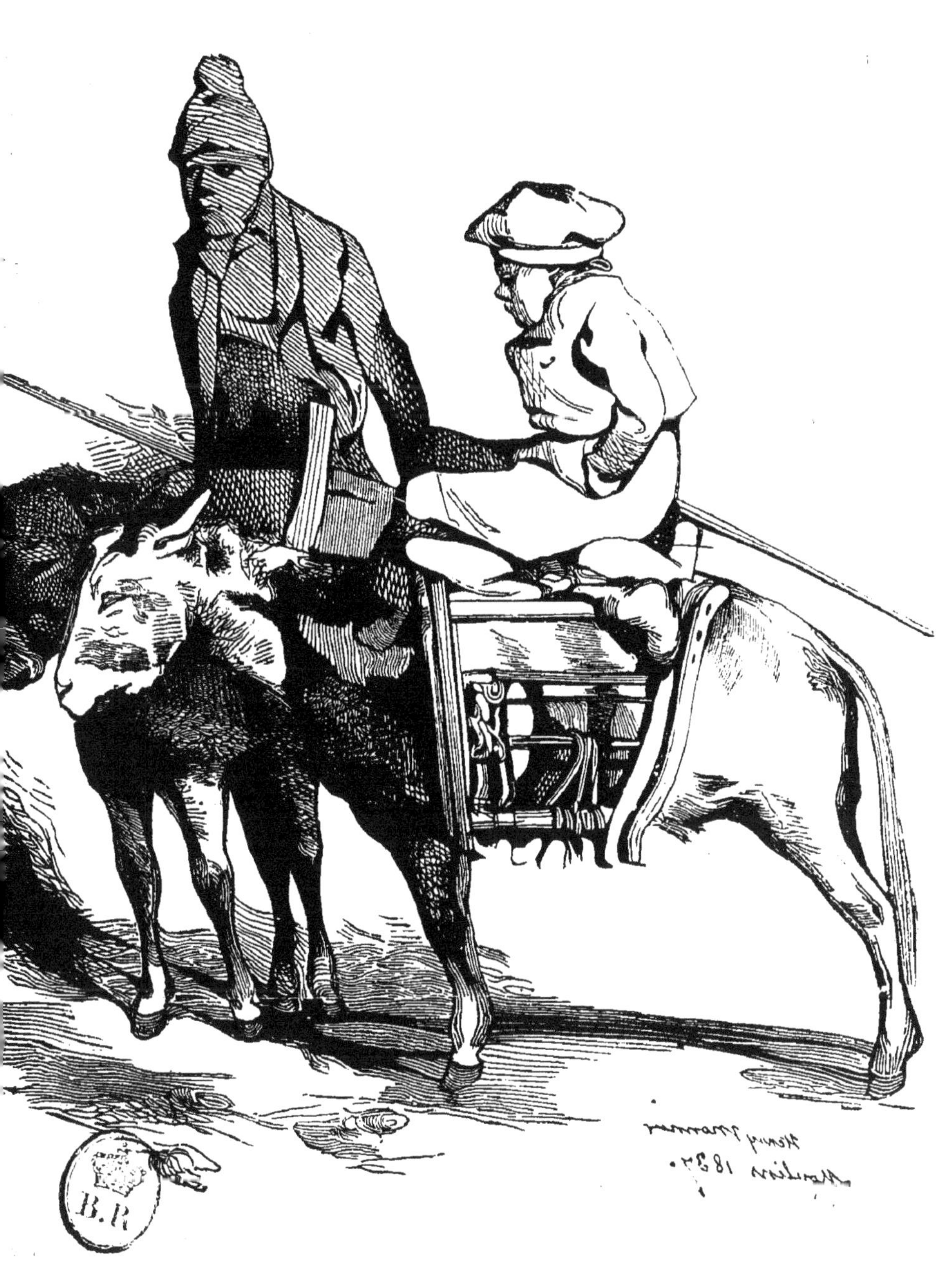

Les Aniers.

suspendue, comme un hochet, à son bonnet de coton, ou bizarrement fixée aux débris de feutre, aux lambeaux de casquette dont son chef est affublé, vous reconnaissez l'insigne d'un privilége, qui en fait presque un personnage public, un rouage administratif, au même titre que le chiffonnier de la capitale. Mais l'ânier est bien mieux que cela encore, c'est la providence des nombreux potagers qui environnent la cité ; c'est l'indispensable auxiliaire de nos infatigables jardiniers ; c'est l'abeille vagabonde et laborieuse qui va, chaque jour et à toute heure, recueillant, dans les fanges de la cité, *le sel et la graisse de la terre*.

« Le Bédouin se fait de son maigre coursier un ami ; l'ânier ne voit dans son onagre pelé qu'un esclave qu'il sait rendre docile, à force de durs traitements, à tous les caprices de sa volonté. Veut-on se faire une idée de ce qu'il y a de despotisme dans la tête d'un enfant, et de penchant à la cruauté dans son cœur ? Il faut voir l'ânier aux prises avec son pauvre compagnon aux longues oreilles. Il se complait à torturer sa docilité, à mettre sa patience à l'épreuve. L'âne change de nature entre les mains de ce petit tyran ; il devient souple, alerte, intelligent, craintif, que c'est merveille ! Son maître ne lui adresse jamais qu'un monosyllabe, *tah !* et vous le voyez qui s'arrête, chemine, se détourne, trottine, galoppe ; au premier signe, il a toujours l'oreille dressée, le cou tendu, le pauvre animal ! car le monosyllabe, non compris aussitôt qu'articulé, est aussitôt suivi de la plus rude correction. Depuis que j'ai vu la condition de l'âne moulinois, j'ai cessé de m'apitoyer sur le sort du cheval de fiacre. L'ânier n'a point d'éperon ; il est même assez rare qu'il porte une chaussure quelconque ; mais quand il lui prend fantaisie de faire piaffer sa bête, il se sert de son *eustache*, dont il ne se sépare pas plus qu'un *bravo* vénitien de son poignard, ou un *hidalgo* espagnol de sa bonne lame de Tolède. L'eustache, entre les mains de l'inexorable gamin, est un éperon dont la seule menace suffit pour imprimer au brouteur de chardons toute la vélocité du daim.

« Lorsque l'ânier circule en ville, le haut du pavé lui appartient ; c'est sa conquête inaliénable, un privilége dont il se montre fort jaloux. Une des conséquences immédiates de ce privilége, c'est pour l'ânier le droit imprescriptible de salir, du contact de sa cargaison, le manteau du fashionable ou le tartan de la grande dame qui ne s'effaçent pas assez lestement devant lui. Vous ne sauriez croire jusqu'où il pousse la tyrannie de son droit, l'effronté qu'il est ! Il se fait un malin plaisir de vous presser contre la muraille ; son bonheur est de vous prendre à l'improviste au détour d'une rue ; la borne est un rempart inutile contre son éternel guet-à-pens. Il y a d'honnêtes voituriers qui vous écrasent en criant : *Gare !* Mais *gare* est un mot qui n'est jamais sorti de la bouche d'un ânier. Je crois qu'il existe au cœur de l'homme un instinct incorrigible de jalousie, qui fait que le plus infime voudrait pouvoir ravaler toutes les supériorités sociales à son propre niveau : le vice cherche à s'approcher de la vertu, afin que l'ayant touchée il puisse dire : Elle a cessé d'être pure ! L'ânier vous force à prendre de la boue quand il vous rencontre sur sa route : c'est sa manière, à lui, de rappeler les hommes aux principes de l'égalité. »

Maintenant on ne voit plus errer dans les rues de Moulins, sur leur pacifique monture, cette joyeuse phalange de gamins. L'autorité municipale les a licenciés, et ils sont remplacés par des *boueux*, qui le matin parcourent la ville et remplissent des immondices qu'ils rencontrent de sales tomberaux. La race des âniers est à jamais perdue. Ad. Michel s'est fait leur Pindare, et a chanté dans de beaux vers leur grandeur et leur décadence.

Je ne puis résister au plaisir de citer deux strophes de ce petit poème :

Ils ne sont plus ! quel silence
Des lieux ou *Chaveau* commence
Jusqu'aux confins des *Garçeaux*,
De ***Bourgogne*** aux ***Bataillaux*** ! (1)
Autour d'un monceau de paille,
Plus de grotesque bataille ;
Plus d'assauts aux carrefours ;
Plus de courses olympiques ;
Plus de chœurs charivariques......
Le deuil est dans nos faubourgs !

(1) Les mots soulignés sont les noms des faubourgs de Moulins : habités par les âniers.

Car cet ânier qu'on désarme,
Du faubourg était le charme ;
Et comme il faut à la nuit
La belle étoile qui luit ;
Comme il faut à la nature
Des fleurs et de la verdure ;
Comme il faut l'aigle aux glaciers,
Comme il faut à la charmille
La mésange qui sautille,
Le faubourg veut ses *lanciers*. (1)

Notre ami a raison ; mais ses vœux ne seront jamais comblés. Dans quelque temps on parlera de l'ânier comme d'un être antédiluvien, effacé depuis des siècles de la surface du sol.

LES BALAYEURS.

Les *boueux* n'ont pas le monopole exclusif de nettoyer les rues de Moulins. La municipalité pensionne une troupe de pauvres diables qui sont chargés de faire *des petits tas de boue bien propres*, indices d'une civilisation avancée, comme on dit au *théâtre des Variétés*. Le droit de remuer les immondices leur appartient ; et les places de la ville sont les domaines où ils exercent leurs balais et leurs facultés intellectuelles. L'été, sous prétexte d'enlever la poussière, ils suscitent des nuages qui crèvent les yeux aux passants ; l'hiver,

(1) On appelait les âniers les *lanciers de la rue Chaveau*.

ils relèvent et accumulent en monceaux la neige et la glace sur la voie publique. Du reste, ils sont organisés en corps, soumis à une discipline sévère, et conduits par des chefs. Je suis heureux de donner le portrait en pied d'un de ces messieurs.

Ils pourraient se consoler de la condition infime où ils vivent, si quelqu'un leur faisait entendre ces belles paroles qu'Odry dit à une pauvre balayeuse des rues : « *Jeune fille, de quoi te plains-tu ? tu nettoies la pa-*

trie, la patrie qui t'a donné le jour! Notre balayeur, après tout, ne comprendrait sans doute pas cette sentence philosophique. Mais il a une autre manière de se consoler : il avale autant de petits verres qu'il a de sous dans sa poche. C'est ce qu'on appelle *boire la goutte.*— Or, à cause de cela, un esprit facétieux de notre cité leur a appliqué le surnom de *goutteux* qui leur est resté. — Ce calembourg mérite bien d'aller à la postérité la plus reculée.

LE PATACHON ET LA PATACHE.

Si vous allez à l'extrémité de la rue de Paris ou vers la route de Lyon, vous verrez un grand nombre de voitures publiques, qui vous conduiront où vous voudrez. Ce sont les *pataches*. Aujourd'hui elles ont assez bonne apparence ; les progrès de la civilisation se sont étendus jusqu'à nos modestes véhicules. Il y a trente ans, ont vous eût offert une espèce de charrette couverte, dont les côtés étaient en osier ou en paille tressée. Pour siége vous aviez une paillasse grossière, et vos jambes pendantes trouvaient un appui sur un bâton transversal soutenu par des cordes à chacune de ses extrémités. La voiture était ouverte par devant et par derrière. On se mettait quatre dans cette espèce de caisse, deux devant et deux derrière, dos à dos. Je vous laisse à penser quel martyre c'était de voyager dans une telle cariole. Mais peu à peu le confortable a envahi la patache. Des paniers furent disposés pour recevoir les pieds des patiens; des rideaux et un tablier de cuir, attachés aux deux ouvertures de la voiture, permirent de se mettre à l'abri du mauvais temps. On eut enfin des coussins pour s'asseoir et un dossier transversal pour s'appuyer. Mais ce n'est pas tout. Aujourd'hui, une patache bien confectionnée et à la mode, s'arrondit et se ferme en arrière; bien plus, les siéges, à l'intérieur, sont disposés de sorte que les voyageurs ne sont plus dos à dos. Enfin, par un raffinement de délicatesse, le carrossier a imaginé de suspendre les siéges par des courroies. Telle est la voiture en usage dans le Bourbonnais. Nos bourgeois n'en ont pas d'autre. Le cabriolet est un objet de luxe qui s'introduit aussi difficilement dans les mœurs, qu'il résiste peu aux boues et aux ornières de nos chemins de traverse.

Après avoir parlé de la machine, disons un mot de l'animal qui la conduit. D'ordinaire c'est un cheval de réforme ou un cheval vicieux qu'on dresse à force de fatigues. On le soigne bien, mais on le fait travailler durement. Il y a des saisons où il n'a pas un jour de repos. Il ne connait ni fêtes ni dimanches. On lui met un méchant harnais sur le corps, au cou un gigantesque collier enrichi d'une énorme quantité de grelots, et l'on part. En plaine, il trotte; dès que la route s'élève, fût-ce d'une manière insensible, il s'arrête court, et se met à son pas le plus lent. C'est une habitude: rien ne peut le faire aller plus vite. Mais à la descente, il brûle le terrain. Il fait de cette manière de huit à douze lieues par jour, et quelquefois beaucoup plus. L'hiver, cependant, il chôme souvent, et répare ses forces avariées. Quand il n'est plus propre au service de la patache, il devient la force motrice de quelque tombereaux. Il roule d'énormes charges de moëllons, et crève à la peine.

Je ne connais rien de plus insolent et de plus grossier qu'un *patachon*. Il passe sa vie, ou assis sur le brancard de sa voiture à jurer et à agonir de sottises son bucephale, ou dans les cabarets dont il est le plus fidèle commensal. Il fume tout le jour dans de honteux *brûle-gueules* (c'est le mot littéral) et se bat le plus souvent qu'il peut. En route, il n'y a pas de *bouchons* où il n'aille boire quelques rasades de vin.—Son costume est fort simple; il consiste en une large blouse bleue, un méchant bonnet, des sabots ou des souliers ferrés. Pour se garantir de la pluie, il met sur son dos une *limousine* de laine grise. Un patachon poli avec les voyageurs, qui épargne à leurs oreilles les plus affreux jurons, les plus terribles imprécations contre son cheval, est un phénomène. Quand il conduit des *bourgeois*, il a bien quelques égards pour eux; mais s'il n'avait pour le faire vivre que de tels voyageurs, le métier serait bien mauvais. Il aime mieux avoir affaire aux maçons Limousins et aux pionniers Marchois, qui émigrent et rentrent dans leur pays une fois par an. Il les entasse au nombre de cinq ou six dans sa voiture, les fait bien payer, et les mène à sa guise. Il ne comprend pas, d'ailleurs, que l'on préfère une voiture suspendue à son infernale patache, d'où l'on sort le corps disloqué et rompu. Il est tellement fait aux sauts, aux cahots, aux secousses de sa machine roulante, qu'il attribue à une insigne mauvaise volonté les plaintes incessantes des voyageurs. Les bateaux à vapeur de l'Allier sont venus faire une terrible concurrence aux pataches. J'ai entendu un conducteur de ces maudites voitures déplorer l'invention des machines, annoncer la ruine prochaine de son industrie, et assurer que c'était pour anéantir les pataches que le gouvernement avait autorisé le service de nos paquebots. Les patachons vont certainement devenir les ennemis les plus implaccables de la monarchie constitutionnelle.

LE MARINIER.

Laissons-les maugréer contre les bateaux à vapeur tout à leur aise, et parlons un peu du marin d'eau douce.

A l'entrée du pont, près de la mâsure qui sert de bureau d'octroi, vous verrez en toute saison, réunis en groupes très inoffensifs, une vingtaine d'individus vêtus d'une large culotte de toile ou de velours, d'une petite blouse retenue autour de la taille : ce sont les mariniers de l'Allier. Les uns passent leur journée à voir couler l'eau (quand il y en a dans la rivière), à épier l'arrivée de quelque bateau, ou à observer les variations d'une girouette tricolore plantée au sommet d'un poteau. Je me suis demandé souvent, sans avoir pu résoudre le problème, comment ils gagnent leur vie, car ils choment les quatre cinquièmes de l'année. L'Allier n'est guère navigable, en effet, qu'à l'époque des crues, aux mois de mars et de novembre. Alors on voit arriver de l'Auvergne une foule de bateaux d'une construction toute particulière.

Ces bateaux se fabriquent surtout à Brassac. Ils sont faits en planches de sapin chevillées entre elles. Ils ont environ 72 pieds de long sur 10 à 12 de large. Sept charpentiers ne mettent pas plus de deux jours pour en construire un et le lancer à l'eau. On les charge de houille que l'on dépose dans les ports du littoral de l'Allier, et à Moulins on leur donne un nouveau chargement en charbons et en bois. D'autres conduisent à Paris des vins et des fruits.

Ces bateaux portent le nom de *toues*; on les appelle encore chez nous des *sapines*. Six ou huit forment une *équipe*. Dans les grandes eaux, on les *couple*, c'est à dire, on les réunit deux à deux. D'ordinaire, il y a deux mariniers par bateaux. Le plus habile, celui qui sert de pilote, s'appelle le *boute-avant* ; le second, placé à l'arrière, est l'homme de la *coue*. Celui-ci doit une obéissance passive au premier, et ne peut pour aucune raison se dispenser d'exécuter les ordres qu'il reçoit.

Le *boute-avant* est muni d'un *bâton* dont le maniement exige autant de force que de dextérité. Ce bâton est une énorme perche, en cœur de hêtre ou de chêne, et qui ne pèse pas moins de deux cents à deux cent cinquante livres. Il est attaché au bateau par une corde. Le marinier le jette à l'eau et le fixe, par sa partie supérieure, entre les dents d'une cremaillère disposée aux rebords du bateau, et appelée *harençoir*. — On dirige de cette manière la sapine dans un sens voulu. L'homme de *coue* a un bâton moins long et moins lourd, avec lequel il accélère la marche du bâtiment. Quelquefois on adjoint à ces deux marins un novice : c'est le *renforçeur*. Il est chargé de manœuvrer la rame qui est à l'arrière du bateau, à *brenayer la patouille de la coue*, comme il dit dans son argot. Le boute-avant ne va pas au delà de Briare, et revient à son point de départ, tantôt à pied, tantôt en patache. Les autres mariniers poussent jusqu'à Paris où ils ne font qu'un très court séjour.

Pour être reçu maître marinier, le renforceur est soumis à une épreuve assez difficile. Il faut qu'il fasse passer sous une arche du pont de la Charité-sur-Loire un *couplage de bateaux*, tout droit et sans se servir d'ancre. Vous comprenez que l'aspirant doit être bien sûr de sa main et de son coup d'œil, car le moindre choc amenerait un naufrage, ou au moins causerait de funestes avaries. S'il échouait , c'en serait fait de son avenir. Il serait forcé de renoncer à son métier. Quand l'épreuve a réussi , l'équipe s'arrête. Là, on donne au nouveau boute-avant une ceinture, et celui-ci paie à ses camarades un splendide gala dans lequel on mange à l'avance tous les bénéfices de son voyage.

A la tête de la hiérarchie fluviatile, nous trouvons le *toutier*. C'est le marinier le plus instruit, le plus capable, celui qui connaît le mieux la rivière. Il monte dans un *bachot* et place les *balises* qui servent à indiquer le chemin à suivre et les écueils à éviter. Les différents aspects que l'eau présente à sa surface suffisent souvent à l'œil exercé du toutier, pour lui indiquer les diverses profondeurs du fleuve. On conçoit toute l'importance du travail de ce marinier, en songeant combien est changeant le lit de l'Allier et de la Loire.

Le voyage de nos bateaux dure au moins un mois. — Leur marche est lente, car souvent ils s'ensablent ; la nuit ils jettent l'ancre ; enfin les brouillards suffisen pour les arrêter. Les mariniers vivent sur leur bâtiment. Quand l'équipe est peu nombreuse, il y a sur une des *toues* une cabane en planches qui sont jointes avec si peu de soin, qu'au travers du toit, on peut, comme on le dit, compter les étoiles du ciel. C'est là qu'on fait la cuisine. Une espèce de caisse remplie de terre massivée, sert de foyer. Le plancher de la niche est couvert de paille sur laquelle les mariniers s'étendent pour passer la nuit. — Si l'équipe est considérable, il y a deux cabanes. L'une sert de cuisine ; l'autre porte le nom de *carrée*, et sert de chambre à coucher.

L'homme qui est chargé de préparer le repas, s'appelle le *gabarier*. C'est ordinairement un ancien. Il est investi de la confiance du maître de l'équipage, ou du *facteur* qui le représente. Le premier bouillon et les bons morceaux sont pour lui. Charité bien ordonnée commence par soi-même, dit le proverbe. Chaque matelot reçoit une livre de viande par jour. Il a de la *boite*, espèce de vin de la plus médiocre qualité, pour boisson. Quant aux légumes, on les cueille dans les potagers riverains, car le marinier est, je dois le dire, un habile maraudeur. Il n'achète pas de bois pour se chauffer, je vous assure; il trouve plus simple et plus commode de couper les arbres morts qui sont sur les bords de la rivière, et, à leur défaut, il ne se fait pas un cas de conscience d'emporter les haies desséchées. La cuisine devient beaucoup plus exquise, quand l'équipe a pénétré dans le canal de Briare. Là, elle prend un homme de Montargis pour remplacer son boute-avant, et le nouveau-venu excelle d'ordinaire à faire des boulettes de hachis, qui sont le régal par excellence de nos mariniers.

Quand ils partent, ils ne s'embarrassent pas d'un lourd bagage. Ils emportent tout simplement une chemise de rechange. Avec cela ils feraient le tour du monde.

Les Auvergnats ont fort peu d'estime pour notre marinier. Ils lui reprochent une excessive pusillanimité. Ils disent même qu'il craint l'eau froide, comme un chat échaudé. Ils le trouvent fainéant et mou au travail. La chose se peut, mais je n'ai jamais été à même de la vérifier. Je finirai en disant que les matelots de l'Allier ont une grande vénération pour leur patron saint Nicolas, et qu'ils célèbrent sa fête avec beaucoup d'éclat. Il y a une messe solennelle et une procession. Je n'ai pas besoin de dire que les festins et le bal terminent la journée.

LE GARDE NATIONAL.

A propos, j'oubliais le garde national. Mon oubli est bien pardonnable, car depuis long-temps notre milice citoyenne a déposé ses armes comme le soldat laboureur. Après la révolution de Juillet, l'enthousiasme était magnifique ; l'esprit militaire s'était tout-à-coup emparé de toutes les têtes ; on était fier d'avoir un fusil qui dans la circonstance pouvait faire feu pour tout de bon, et un sabre qui n'avait besoin que d'être aiguisé pour couper les oreilles des perturbateurs du repos public. Dans la belle saison c'était plaisir de voir parader nos bataillons sur le cours de Bercy, musique en tête. Toute la ville s'y transportait pour admirer en eux les défenseurs de l'ordre et de la liberté. Bien plus, il y avait un poste à la mairie. La nuit où l'on était appelé à protéger le sommeil de ses concitoyens, était une nuit de fêtes. Le corps de garde était transformé en tabagie où l'on fumait comme des troupiers, et où l'on buvait de la bierre comme des vrais Allemands. Par malheur, c'était aussi une espèce de tripot où l'on jouait avec des cartes sales. — Souvent le caporal était un ancien militaire, soldat de l'empire, qui tenait la main à la discipline, ce qui le faisait cordialement détester ; il était en effet très sévère pour tout le monde, sauf cependant pour ses pratiques.

Mais il est de la nature humaine de finir par s'ennuyer de tout. Il n'est donc pas surprenant qu'on se soit ennuyé d'être garde national. — Le zèle s'est refroidi peu à peu; ceux-ci ont jugé à propos de rester chez eux, ceux-là ont fait de même. L'autorité s'est aperçue que la ville n'en dormait pas moins paisiblement, et elle a accepté de fait la démission de tout le monde. Aujourd'hui, donc, plus de garde civique. Les oursins sont dévorés par les vers, les sabres rongés par la rouille; les uniformes décorent l'étalage des fripiers, et les plumets servent à amuser les petits enfants. — L'humeur guerrière n'est plus à l'ordre du jour. Cependant quand je dis que notre milice citoyenne est passée de vie à trépas, j'ai tort de deux manières : et d'abord, elle existe sur les registres de l'hôtel-de-ville; et ensuite les tambours ont conservé leur organisation. Tous les jours, en effet, j'entends le tambour qui bat la retraite par les rues de la ville; la retraite de qui ou de quoi ? Je l'ignore. — Ce tambour, du reste, me fait un effet tout fantastique. Quand je l'entends, je me rappelle toujours ce prince qui payait un serviteur pour lui corner tout le long du jour aux oreilles: — « Souviens-toi que tu es mortel ? » — Il me semble aussi que nos compatriotes, tous les soirs, entre sept et huit heures, se font répéter cette phrase-ci par les tambours qui sont à leur solde: — O Moulinois, souviens-toi que tu as été garde national, que tu l'es encore un peu; que tu as le droit de l'être tout à fait, et que de gré ou de force tu le seras encore un jour! »

Je ne voudrais pourtant pas qu'on pensât que je trouve ridicule l'institution dont je viens de parler. Bien loin de là. Mais comme toutes les choses, elle a son côté faible, et je m'en suis emparé. Je ne doute pas d'ailleurs que, dans des circonstances sérieuses, la garde nationale de Moulins ne sache se montrer aussi brave et aussi glorieuse que celles des autres villes de France, soit dit sans compliment.

LES CHANTEURS DE NOELS.

Quand j'ai parlé de la gent voyou des faubourgs de Moulins, j'ai oublié de consigner les exercices lyriques auxquels elle se livre pendant le mois de décembre jusqu'au jour de Noël. Les gamins les mieux famés se partagent, sous le contrôle de la police municipale, les divers quartiers de la ville, et le soir, sur les sept ou huit heures, ils vont de porte en porte chanter des cantiques sur la naissance du Sauveur. C'est là un pieux usage qui remonte sans doute aux temps les plus éloignés du moyen-âge. Nos chanteurs de noëls font entendre tous les soirs une nouvelle complainte sur quelque vieil air d'une simplicité un peu monotone. Le jour de Noël, ils vont dans chaque maison demander la récompense qu'ils ont gagnée malgré le vent et la neige, en un mot, malgré toutes les rigueurs de l'hiver. D'ordinaire on leur donne une bûche, du pain ou quelques pièces de monnaie.

A propos de la fête de Noël, je rappellerai une coutume qui doit être aussi fort ancienne. La veille au soir, on laisse, contre la coutume, s'éteindre la braise sur la cendre; et le matin de Noël, l'on met dans l'âtre une énorme bûche; à la campagne c'est souvent un tronc d'arbre entier. On bat le briquet, et l'on allume le foyer avec du *feu nouveau*. Disons enfin qu'une croyance répandue parmi nos paysans ne permet pas de douter que la nuit de Noël les bœufs n'aient le don de la parole. A minuit, ils appellent par leur nom les personnes qui doivent mourir dans le courant de l'année qui va bientôt commencer.

LE PÈRE CANARD.

Parmi les individus de mœurs excentriques qui battent journellement le pavé de Moulins, je dois une mention au sieur Bonnet, marchand de mort aux rats et de paillas. C'est un grand vieillard, à l'air sans souci, qui colporte par la ville les produits de l'industrie des prisonniers. Je regrette de ne pas connaître tous les détails de sa bizarre existence. Jeune homme, sans argent et sans état, il essaya de se servir, pour vivre, de la merveilleuse aptitude avec laquelle il imitait de la voix le cri d'une foule d'oiseaux et de divers quadrupèdes. Il faisait, à volonté et à s'y méprendre, le chant du rossignol et les hennissements *d'une cheval femelle*. Le langage des canards n'avait aucun secret pour lui; il en connaissait toutes les nuances, toutes les passions. Il vous donnait le canard en colère, le canard en gaîté et le canard amoureux. Aussi le nom de ce palmipède lui est-il resté. A Moulins, tout le monde connaît *le père Canard*. Avec un si beau talent, on ne meurt pas de faim. A Paris, Canard attacha ses espérances de fortune au sort d'un aveugle qui écorchait, d'une horrible façon, les oreilles

les moins impressionnables, en estropiant quelques airs lamentables sur une clarinette fausse comme un jeton. Ces deux artistes donnaient ainsi des concerts sur les ponts et aux Champs-Elysées. Les recettes allaient bien. Mais des circonstances fortuites forcèrent Canard à donner sa démission de guide d'un aveugle. L'humeur guerrière s'empara de son ame, et il s'engagea comme volontaire ; il fût un des héros qui s'emparèrent de la Belgique. Au bout de cinq ans, son régiment fut licencié. Canard alors revint donner des concerts en plein vent dans Paris. Son répertoire était revu, corrigé et considérablement augmenté. Il *travailla* avec succès sur la voie publique, et ramassa quelques centaines de francs. Avec cette fortune, il regagna Moulins, sa ville natale. Mais là son art ne pouvait guère le faire vivre. Il aurait eu beau siffler, hennir, glousser, beugler, croasser, cancanner (pardon du mot), mugir, hurler, braire; en un mot, avec son talent, il serait mort de faim. Il entra donc chez un pharmacien en qualité d'herboriste. Dans la belle saison, il parcourait les campagnes, cueillant les simples qui végètent sur notre sol pour le bonheur de l'humanité souffrante. C'était bien, tant que durait le printemps et l'été; mais l'hiver, il fallait chomer et vivre de l'air du temps. Notre homme alors renonça à sa nouvelle profession pour embrasser celle à laquelle il se livre maintenant. Vous le rencontrez tantôt portant une longue perche, à l'extrémité de laquelle se dandinent des rats et des taupes empaillés, et alors il vend des taupières et des ratières ; tantôt il se promène avec des paillas qu'il offre au pubiic dans un langage bien fait pour émouvoir les ames charitables :

> Voici l'marchand de paillas,
> L'argent n'l'embarrasse pas,

dit-il de loin en loin. Il varie pourtant ses annonces poétiques. Vous lui entendez crier encore :

> Quelle triste foire ! (1)
> L'argent n'arrive guère !

Le père Canard, comme vous voyez, a de la littérature et versifie assez agréablement. Ce petit commerce le fait vivre tout doucement. Je dois dire que cet homme, en imitant les chants les plus passionnés des oiseaux, fut assez heureux pour faire la conquête d'une femme qui est devenue sa tendre et fidèle compagne. Elle n'avait pour toute fortune que ses charmes et les espérances les plus brillantes. Elle attendait un héritage, non pas d'un oncle d'Amérique, mais d'un frère. En effet, le frère mourut à l'ile Sainte-Lucie et laissa une somme d'argent assez importante. Maître Canard, en homme qui a subi les rudes atteintes de la misère, s'est empressé de placer à intérêt le magot chez un notaire de confiance. Jusqu'à présent, il avait respecté religieusement son héritage. Mais voici qu'on vient de suppri-

(1) La rime n'y est pas pour les yeux, mais elle y est pour l'oreille. Chez nous, le peuple prononce *fouère*. — C'est une licence poétique.

mer la mendicité à Moulins, et c'était là une branche de commerce dont le marchand de mort aux rats retirait ses meilleurs profits. Aujourd'hui il se plaint amèrement d'être forcé de mordre au gâteau qu'il espérait léguer intact à ses enfants. Voilà l'histoire de Canard. Parlons maintenant d'une autre célébrité populaire de notre ville, du sieur Suchal, fort connu par son insatiable gloutonnerie. Il erre par les rues, la tête coiffée du chapeau à cornes des soldats de la république, et vêtu d'une méchante redingotte qui, par son ampleur, dissimule mal la maigreur de son corps. Sa physionomie, vive et joyeuse, ne manque pas d'une certaine expression de malice.

M. SUCHAL.

Il est né à Saint-Pourçain et a été militaire. Il a servi sous le général Moreau, dans l'armée du Rhin. Il quitta le service pour venir à Moulins exercer son état de cordonnier. Il fabriquait très bien les énormes souliers ferrés de nos paysans et les solides escarpins de nos paysannes. Il colportait sa marchandise de foire en foire, et faisait d'assez honnêtes bénéfices. Par malheur la vue de M. Suchal s'affaiblit, et il fut obligé de renoncer à sa profession. Il fit alors un métier analogue à celui auquel on condamne les chevaux aveugles ; il se mit à tourner la roue d'un cordier ou celle d'un coutelier, et ce genre d'exercice est encore aujourd'hui son unique gagne pain.

Mais imaginez-vous que ce malheureux est affligé d'une affreuse maladie, qui fait qu'on le regarde, pour ainsi dire, comme une bête curieuse. Il possède la faculté de pouvoir manger, sans craindre d'indigestion, du matin au soir, et du soir au matin, une effrayante quantité d'aliments, crus ou cuits. C'est à lui qu'on peut appliquer cette fameuse définition, faite, je crois, par le sénateur Cabanis, « que l'homme est un tube ouvert à ses deux bouts. » Tout ce qu'il engouffre dans son estomac ne lui profite guère, car il est maigre comme un hareng. N'allez pas croire qu'il a le ver solitaire, ou, pour parler comme les savants, qu'un *tœnia solium* le prive des bénéfices de sa nourriture. C'est tout simplement une maladie que les médecins ont souvent observée.

Il lui est arrivé de manger, sinon sans boire, du moins sans s'arrêter, un jambon de taille colossale. Un dîner servi pour vingt personnes ne l'effraie pas, et je ne vous engage point à parier avec lui qu'il ne fasse table rase, car vous perdriez. Il avale huit livres de pain à ses repas comme une bouchée. Vous comprenez que le malheureux ne trouve pas toujours à assouvir une faim aussi tyrannique. Aussi tout lui est-il bon. On l'a vu se repaître d'animaux morts qu'il ramasse dans les rues et dans les égoûts, et il ne se donne pas, je vous assure, la peine de les faire cuire et de les assaisonner d'une sauce! On fait son bonheur quand on lui donne le résidu des tonneaux après qu'on en a soutiré le vin. En un mot le rebut de la cuisine et de la cave fait ses délices.

Il est très friand de fruits : qu'ils soient plus ou moins mûrs, peu lui importe. Un jour, il rencontra dans la rue de Bourgogne une paysanne qui conduisait au marché un âne chargé de deux paniers remplis de prunes. — Je voudrais bien manger de vos prunes, dit-il à la campagnarde. — Pour combien en voulez-vous, dit la femme enchantée de trouver sitôt une pratique. — Dam, je voudrais en manger mon saoul. — Eh bien ! donnez-moi deux sous, et mangez-en tant que le cœur vous en dira. — Voilà qui est conclu. Notre homme paie à l'avance et se met à avaler les prunes avec une volubilité telle, que la pauvre marchande vit, en pâlissant, qu'elle venait de faire une sotte affaire. Elle se récrie, elle se fâche ; on s'attroupe autour d'elle, on rit, on jase, et l'on regarde fonctionner M. Suchal qui, en très peu de temps, vida les deux paniers, au grand ébahissement de tout le monde. Maintenant il ne peut plus faire de pareils tours : il est trop connu dans la ville et les environs. Par bonheur pour lui , son formidable appétit a diminué d'intensité. Dans les moments difficiles, il se serre le ventre avec une courroie, et attend patiemment que quelque bonne mortalité se déclare parmi les animaux domestiques, dans les étangs ou dans les basses-cours. Alors il fait de splendides festins qui ne font de tort à personne. Le pauvre diable, comme vous voyez, est souvent fort à plaindre. Cependant, je dois dire que, malgré cette voracité, il a les apparences de la santé, et que tout vieux qu'il est, il n'a nulle envie de mourir.

LES PAUVRES.

Les mesures que l'on vient de prendre pour détruire à Moulins la mendicité, ne l'atteindront pas ; mais elles débarrasseront la ville d'une hideuse plaie. Je ne connais pas de cité où l'on eût pu voir un plus grand nombre de mendiants. Tous les lundis, on les voyait sortir de leurs taudis, vieux et jeunes, valides et impotents ; ils parcouraient la ville et demandaient l'aumône, à chaque porte, de leur voix la plus lamentable. Ces jours-là, on se serait cru transporté à la cour des Miracles. Le reste de la semaine, ils vivaient aux dépens des étrangers ; ils arrivaient par bande autour des diligences, et obsédaient de leurs plaintes, de leurs prières et de leurs supplications, les voyageurs qu'apportait chaque voiture des Messageries. Ce luxe de misères était un affreux spectacle qui donnait une triste idée du bien-être dont jouit notre cité. On ne saurait donc trop applaudir à la création de l'hospice qu'on vient de fonder. Tout le monde y trouvera son compte, les pauvres aussi bien que les habitants de Moulins.

Le dimanche est un jour nécessairement consacré au repos et un peu au plaisir. Les rentiers et les riches négociants qui ont un vignoble ou quelques pièces de terre dans les environs, y vont en famille et y vivent d'une façon toute champêtre. Les ouvriers boivent au cabaret, les grisettes vont à la messe et au bal, et les journaliers, dans les faubourgs, se récréent en jouant *aux quilles* ou aux *boules*, nobles exercices qu'ils accompagnent de fréquentes libations. Le boutiquier pauvre va se promener à Iseure, sur les grandes routes ou sur les bords de l'Allier. Dans la belle saison, le grand monde, nos lions et nos élégantes vont parader, en magnifiques toilettes, sous les beaux ombrages du cours de la Préfecture où l'on entend deux fois par semaine la musique du régiment.

Moulins a bien une salle de spectacle, mais si petite, si maussade, si sale, si enfumée, que c'est à peine si les jolies femmes osent de temps en temps y pénétrer; aussi les acteurs ne font-ils pas fortune chez nous. Mais attendons; bientôt nous aurons une salle coquette, brillante et de bon goût, et peut être alors sera-t-il du suprême bon ton d'y avoir une loge louée, et de s'y montrer à toutes les représentations.

Nous pouvons passer pour une population assez lettrée. Nous avons deux journaux politiques, et un journal d'art et de littérature, et nous voyons imprimer souvent de fort beaux livres qui feraient honneur à la presse parisienne. Enfin, Moulins a tous les deux ans de belles expositions de peinture, avec l'accompagnement obligé de ses solemnités, c'est-à-dire avec beaucoup d'amateurs, de critiques, et même d'acheteurs.

En somme, on peut dire que notre capitale Bourbonnaise est une des villes les plus agréables à habiter (demandez plutôt aux officiers de la garnison), et l'une des plus intelligentes, bien que la plus paresseuse qu'il y ait en France. Quoique presque Moulinois, je puis bien le dire, car aucun de mes compatriotes n'en doute, et de fort aimables touristes ont daigné l'écrire et l'imprimer avant moi.

BOURBON.

QUAND on va à Bourbon, il est d'usage qu'on visite la vieille église de l'ancien prieuré de Souvigny, si curieuse par les mille détails de son architecture et par les nombreux souvenirs historiques qu'elle rappelle. Bourbon est tout fier, lui, des ruines imposantes de son antique château et de sa *Quiquengrogne*, monument de la colère de ses ducs. Sa petite église romane montre aussi avec orgueil un morceau de la vraie croix, rapporté en France pendant les croisades, et donné à notre pays par Louis, fils de Robert de France. Vous pouvez encore voir l'emplacement qu'occupait la *Sainte Chapelle*, une charmante église que la révolution a détruite de fond en comble, et qui était citée comme une des plus merveilleuses productions de l'art gothique. Il n'en reste pas aujourd'hui pierre sur pierre.

La ville n'a pas une grande apparence. Elle s'enfonce dans une espèce de gorge, et ses faubourgs s'élèvent sur des collines qui la dominent presque de tous côtés. Les rues sont étroites et tortueuses, et offrent des maisons bourgeoises fort modestes. C'est une des cités les plus calmes, les plus inoffensives , je dirai même les plus inanimées du Bourbonnais. Je n'y vois ni industrie, ni commerce. La grande occupation des gros-bonnets de l'endroit, c'est la culture des terres. L'agriculture est en effet la principale source de richesse du pays. Le sol est bon et assez bien travaillé. De beaux champs de froment et de magnifiques prairies attestent sa fertilité. Je n'ai pas grand chose à dire des habitants, *Bourbonnichons* par excellence ; ils sont doux, polis, fort aimables, bienveillants, mais sans caractère et sans énergie ; d'une apathie, d'une inertie déplorables, ils se laissent vivre comme on se laisse aller au courant d'un fleuve. C'est la vie du rat philosophe dans son fromage de Hollande. Ils ont si peu de désirs, qu'avec le plus petit revenu, il se trouvent riches ; si peu d'ambition, qu'avec la plus médiocre fortune, ils se trouvent opulents. Après tout, je les crois fort heureux. Vous pouvez les voir tous les jours, au coin d'une rue, près de la mairie, devisant entre eux, l'air ennuyé, comme des gens qui ne savent comment tuer le temps. C'est la *carrée des feugnants*, comme on dit élégamment à Bourbon.

Il n'y a, pour ainsi dire, pas de société. Chacun vit chez soi en famille. L'ennui, lui-même, qui d'ordinaire est si puissant pour réunir les natures les plus antipathiques, ne parvient pas à vaincre les petites rivalités, les petites jalousies, les petites haines qui divisent nos bourgeois. On est très chatouilleux sur l'étiquette; et le plus petit oubli devient une insulte, un crime impardonnable. Il y a bien aussi par-ci, par-là, quelques mauvaises langues; et vous savez combien leurs coups sont terribles. Il y a deux espèces de charité : une qui s'exerce vis-à-vis des pauvres, et qui est pratiquée très bien à Bourbon; et l'autre, qui consiste à ménager son prochain, à le juger avec indulgence, à excuser ses travers; celle-ci est complétement oubliée. Il en est ainsi, du reste, dans toutes les villes qui ont pour devise ce fatal mot : oisiveté.

Pendant la saison des eaux, Bourbon change de physionomie; il y règne une plus grande activité. Ce n'est pas qu'il y vienne un grand nombre d'étrangers; mais enfin, le peu de malades qu'on y voit, suffisent pour peupler les rues d'ordinaire désertes, et animer les promenades. Je dois dire que les thermes de Bourbon ont déchu beaucoup de la splendeur dont ils brillaient autrefois. Quant aux causes qui ont amené cette décadence, ce n'est pas le lieu de les énumérer. Qu'il me suffise de dire que nos eaux mériteraient une plus belle destinée ; et que si elles ont perdu de leur réputation , elle ont encore conservé leurs vertus merveilleuses dans certaines maladies.

Bourbon n'est pas comme Vichy, comme Néris, une ville de fêtes et de plaisirs. Les étrangers qui y viennent n'y sont pas attirés par le caprice ni par le besoin de distractions : ce sont de vrais malades qui ne demandent qu'à se guérir. Un jour, un voyageur traversait Bourbon ; il ne rencontrait que boîteux traînant la jambe ou cheminant sur des béquilles, que manchots, le bras en écharpe, que paralytiques se promenant en chaise à porteur ; et il plaignait la malheureuse cité où il voyait rassemblées toutes les infirmités humaines, et il avait hâte de sortir de ces rues, qu'il croyaient maudites ; il ignorait que Bourbon possédait des sources thermales qui attiraient chaque année les éclopés de tous les alentours. Il est certain que du mois de juin au mois de septembre, la ville ressemble assez à un vaste hôpital.

Les gens riches se logent chez les habitants de la ville ; si les appartements qu'ils louent ne sont pas magnifiques , en compensation ils trouvent une hospitalité pleine de soins et de bienveillance. Les bourgeois vont à l'*Hôtel de France*, où ils sont très bien traités ; les auberges, elles-mêmes, ont leurs clients qui vivent à bon marché.

La matinée est employée à l'administration des eaux. Il y a quelque temps, on enveloppait hermétiquement le malade dans des couvertures de laine, et on le portait aux bains dans un fauteuil à bras. Maintenant on a une espèce de chaise à porteur qui ressemble à un cabriolet : c'est tout à la fois plus original et plus commode. On est ainsi, du moins, à l'abri de l'air, de la pluie et des regards des curieux. Quand on vous a bien fait suer dans votre lit, on vous permet de déjeûner ; puis chacun s'en va clopin, clopant, *aux allées*, au milieu desquelles s'élève un pavillon que les habitants comparent à un *trébuchet*. Là on a quelques journaux, et un billard pour les malades qui peuvent se servir un peu de leurs bras ou de leurs jambes. Après le dîner, on se promène encore, puis on se réunit et on joue. A l'*hôtel*, il y a un salon orné d'une vieille épinette qui retrouve de temps en temps sa voix cassée et sa gaîté d'autrefois pour faire danser la jeunesse valide de l'établissement.

Telle est à peu de chose près la vie des étrangers. Bourbon n'est pas, comme vous voyez, un séjour qui leur offre beaucoup d'attraits et de séductions. Mais aussi ils y trouvent souvent la fin de leurs maux, ce qui est bien plus important pour eux.

Il n'y a pas long-temps, on voyait à Bourbon quelques-unes des célébrités de l'époque. Le prince de Talleyrand a été son hôte le plus illustre. On y a vu son corps maigre et malingre disparaître tout entier sous les amples draperies d'un peignoir ; une serviette enveloppait son front jauni, et laissait à découvert seulement un masque ridé et dur comme celui d'une momie. Quand on voyait les porteurs traînant dans un méchant et grossier fauteuil ce fantôme si bizarrement accoutré, il était impossible de soupçonner un être humain, sans la voix forte et grondeuse qui tonnait à chaque faux-pas, et révélait l'homme qui paie et veut être porté commodément. Il ne déployait pas d'ailleurs un grand appareil dans ses voyages, et sa suite était fort peu nombreuse. Il n'emmenait ordinairement qu'une voiture. Il faisait louer à Moulins deux paisibles rosses qui le traînaient dans un méchant carrosse de louage. Un jour les deux destriers ont eu l'insolence de renverser l'hercule de la diplomatie sur la route d'Ygrande, en compagnie de la princesse Poniatowski, du général constitutionnel Alava et d'un vieux grand-vicaire de Bourges, revêtu de la sinécure d'aumônier auprès de l'ex-évêque d'Autun, qui payait peut-être les messes du grand vicaire, mais ne les entendait pas, à coup sûr. Vous vous imaginez peut-être que le diplomate, faible et cassé par l'âge, eut à souffrir de sa chute? Il ne fit que rire de l'aventure, et se mit tranquillement à jouer au piquet sur le revers d'un fossé pendant qu'on relevait sa voiture. Ne dirait-on pas qu'il était de la race des chats, qui se retrouvent toujours sur leurs pieds?

Avant la révolution, Bourbon citait avec orgueil le nom des divers personnages qui avaient fréquenté ses eaux. C'était Gaston d'Orléans qui fit construire l'établissement thermal, c'était Boileau qui fit une pièce de vers sur la fontaine Jonas, madame Montespan qui y mourut, madame de Sévigné qui visita nos eaux, enfin le célèbre architecte Mansard ; la princesse de Conti et le duc de Penthièvre, sont les derniers Bourbons qui soient venus respirer l'air natal de leur famille, à moins qu'on ne compte la courte visite de la duchesse d'Angoulême, quelque temps avant la révolution de juillet.

Aujourd'hui, Bourbon n'est plus que l'ombre de ce qu'il était jadis. Ses fêtes et ses édifices ont disparu. Je dois dire pourtant qu'on célèbre encore, avec beaucoup de solennité, le jour de l'invention de la sainte Croix. Les habitants des campagnes accourent bien encore de tous les hameaux des alentours à cette pieuse cérémonie, mais elle n'a plus ni sa gravité, ni son aspect pittoresque d'autrefois. Nous ne voyons plus les vignerons du village de Riousse arriver en foule pour adorer la précieuse relique. La veille de la fête, à la nuit tombante, hommes, femmes et enfants se réunissaient autour du bassin des eaux thermales, et s'y plongeaient, pêle-mêle, dans une complète nudité. L'autorité municipale a mis ordre, depuis long-temps, à cet usage empreint de la poésie quelque peu grossière du moyen-âge. Depuis que les pélerinages ont été défendus, les ablutions ont cessé.

Je ne parlerai pas ici des mœurs des paysans ; elles auront leur chapitre à part. Avant de quitter Bourbon, je veux seulement dire quelques mots d'une classe d'individus assez curieuse : c'est des *muletiers* qu'il s'agit. Dans la forêt de Tronçais, de Gros-Bois ou de Messarge, et dans les environs de Bourbon, on rencontre assez fréquemment une troupe de mulets maigres et efflanqués, munis d'un bât rustique qui soutient, de chaque côté, un sac de minerai de fer ou de charbon. Pour les forcer à résister à la tentation qu'ils pourraient avoir d'aller fourrager dans les prés voisins, on leur emprisonne la bouche dans un petit panier d'osier. Dans les stations, leur maître les laisse paître en liberté dans les espaces incultes, pendant le jour ; mais la nuit, il les lâche dans les prairies où ils vivent en véritables maraudeurs. Un cheval blanc sert souvent de guide à toute la bande : il hennit ; et à ce signal, le troupeau arrive. Chaque animal reçoit sa charge, et la caravane se met en route sur une longue file. Le conducteur est assis sur le dernier mulet, et il fait retentir les échos de la forêt de coups de fouet, semblables au roulement du tonnerre. Si un mulet s'arrête, va trop vite ou se dévie de la route, le conducteur lui lance sur le dos, avec une admirable justesse de coup-d'œil, une baguette pointue, grosse comme le doigt et longue d'un pied environ. L'animal atteint est ainsi immédiatement rappelé à l'ordre.

Le muletier couche dans les bois et ne connaît rien des choses de la civilisation. Il ne craint que les loups auxquels il fait une bonne guerre, et les gardes champêtres, dont il évite habilement les fatales surprises.

Il est dur à la fatigue et résiste hardiment à toutes

les intempéries des saisons. « J'ai connu un de ces vieux charbonniers qui, revenant un peu trop *aviné* de la ville, se laissa choir plus d'une fois en traversant quelque petit ruisseau ; là où il tombait, là était son lit. Le lendemain il s'éveillait, sa chevelure inscrustée dans la glace par la gelée nocturne. Il la dégageait bravement avec son couteau, et remontait tranquillement sur son pacifique cheval, qui ne s'était pas éloigné d'un seul pas, et cherchait sous les touffes du houx des brins d'herbe encore verts. » (*Esq. Bourb.*, par A. A.) On conçoit que des hommes de cette trempe vivent avec une frugalité qui aurait fait honte à tous les Curtius de l'antiquité. En général les muletiers ne sont pas bien famés, et les femmes en particulier redoutent de les rencontrer sur leur chemin. Je ne sais pas jusqu'à quel point cette frayeur est bien fondée, et si ces pauvres nomades ont l'humeur aussi brutale qu'on veut le dire.

MONTLUÇON.

ASPECT GÉNÉRAL.

MONTLUÇON e une des plus an ciennes villes d Bourbonnais. A dossée à des mon tagnes, elle pré cipite ses rues to tueuses jusqu'au bords du Che Elle a conservé comme quelque cités normandes la physionomi qu'elle avait a moyen-âge. O retrouve en gran de partie les murailles flanquées de tours qui la dé fendaient encore au 17ᵉ siècle. Vous rencontrez beau coup de ces maisons en bois, à pignons sur rue, au lourds auvents, aux étages en saillie, aux toits aigus aux tourelles élancées ; puis ce sont des fenêtres à me neaux croisés, et des portes en ogive, décorées de mou lures. Çà et là, vous voyez des saints de pierre dans de niches sculptées, des madones devant lesquelles brûle un morceau de cierge. C'est enfin le donjon à machicoulis du château, ouvrage du bon duc Louis II, et le clocher de l'église paroissiale de Notre-Dame qui domine tout cela. Au midi, on trouve les promenades plantées de beaux arbres ; elles occupent les anciens fossés de la ville. C'est là que l'on voit les plus grandes maisons bourgeoises.

LE BOURGEOIS ET LA GRISETTE.

Il y a peu d'aristocratie à Montluçon. Les anciennes familles n'y sont pas nombreuses. C'est la bourgeoisie qui tient le haut pas. Sans être riche, elle est aisée, et elle a toujours été regardée comme folle de fêtes et de plaisirs. J'ai souvent entendu lui reprocher son excessive vanité. — Chacun veut primer sur son voisin ; le plus petit veut s'élever à la taille du plus grand. C'est une lutte incessante d'amour-propre. A Montluçon, on vit peu en famille ; les hommes abandonnent leurs femmes dans leurs ménages , et se réunissent dans les cafés. Là on joue et l'on médit le plus qu'on peut. — Ces messieurs recherchent, avec une infatigable assiduité , les faveurs des grisettes de la ville ; ils leur donnent même des bals. — Le scandale, sur ce point, a été poussé si loin, qu'un jour on lut dans la ville une affiche conçue à peu près dans termes :

Sous cette annonce suivait le nom d'un assez grand nombre de ces demoiselles, cotées en raison de leurs charmes plus ou moins séduisants. — Le plus friand morceau ne devait pas coûter plus de 10 fr. Il y en avait pour tous les goûts et pour toutes les fortunes. On attribua cette injurieuse annonce à des ouvriers qui voulaient ainsi tirer vengeance de l'abandon où les laissaient les femmes qu'ils courtisaient pour le bon motif.

On aime beaucoup à Montluçon les belles toilettes et les grands repas. A cet égard, on se jalouse les uns les autres. C'est d'ailleurs un pays de cocagne où l'on vit à peu de frais. Vous n'avez qu'à voir le marché qui se tient sur la place Notre-Dame, et vous jugerez par l'abondance des provisions, que la gastronomie doit être fort en honneur dans ce pays.

Bien que les femmes gardent le coin du feu, elles ne laissent pas que d'être coquettes ; elles supportent difficilement les rivales qui peuvent les surpasser en beauté, et si elles ne leur arrachent pas les yeux, c'est que l'entreprise est au dessus de leurs forces.

Du reste, allez vous promener sur les boulevards, et vous verrez tous les dandys et toutes les dames à la mode de l'endroit. C'est là qu'on étale son petit luxe et qu'on se montre dans tous ses atours. — Mais c'est surtout pour les soirées dansantes qu'on réserve ses plus magnifiques toilettes. — On ne peut voir de bals plus brillants que ceux qui se donnent à l'hôtel-de-ville pour la Bonne-Dame de septembre. — Pour ma part j'y ai assisté une fois, et j'ai été émerveillé de toutes les grâces féminines que j'ai vu s'y déployer.

D'après tout ce que je viens de dire, il semblerait que les affaires sérieuses dussent préoccuper fort peu les habitants de Montluçon ; cependant cette ville est assez commerçante, elle a même quelques petites industries qui prospèrent très bien.

Une justice à rendre aux Montluçonnais, c'est qu'ils ont l'esprit vif et qu'ils comprennent parfaitement les devoirs de l'hospitalité ; ils reçoivent leurs amis d'une manière fort cordiale. Je suis d'autant plus content de dire cela, que tout ce qui précède pourrait me faire passer pour un homme qui se plait à médire , ce dont Dieu me garde !

LE FIFRE ET LE TAMBOUR.

Les habitants de Montluçon sont Bourbonnais ; c'est dire qu'ils sont frivoles au suprême degré ; aussi le plus petit événement, un rien, met-il toute la ville en émoi. Cela est si vrai, qu'un artiste, qui connaissait très bien ses compatriotes, a dit : Il fut un temps où un roulement de tambour et quelques notes aigües du fifre, causaient à Montluçon une émeute de bons vivants, une révolution de gaîté. Un compère promenait sa commère sous le bras ; deux autres les suivaient, deux autres encore ; puis une foule sautante, bruyante, leste et parée, divisée en couples bien assortis. Il y avait avant notre révolution de 89 un homme vieux et jovial, habitant du faubourg Saint-Pierre ; quand une soudaine bouffée de caprices passait dans sa drôle de tête, il prenait un petit tambour et commençait à battre par les rues; vous eussiez vu l'ouvrier jeter ses outils, la ménagère son bas, le clerc sa plume, le bourgeois ouvrir précipitamment sa porte, comme par un charme magique, ramassant sur son chemin tout ce qui se sentait jeune et ingambe ; la foule grossissait, grossissait toujours, et bientôt la moitié de la ville courait par les rues tortueuses, et l'autre moitié la regardait passer en riant. Il en est encore à peu près ainsi de nos jours. En général il ne se fait ni baptême, ni mariage, sans que le tambour et le fifre ne soient de la partie. Quand une dame est accouchée, le jour où l'enfant est fait chrétien, la bonne de la maison va porter en ville des bonbons aux amis et connaissances de sa maîtresse; mais elle n'y va pas seule; elle emmène avec elle les domestiques de toutes les personnes invitées au festin; elle se fait précéder des deux musiciens dont je viens de parler, et elle fait ainsi joyeusement ses courses dans la ville. Pour les noces, on parcourt la ville avec les mêmes instruments; enfin, je dois dire que j'ai vu même danser au son du fifre et du tambour sur la place du Château.

Les femmes veuves et d'un certain âge qui se remarient, se gardent bien d'employer une telle musique, car souvent on leur donne le plus affreux charivari qu'on puisse imaginer; elles sont très heureuses quand la fête se passe sans aucune espèce de *bruit*. Du reste, en Bourbonnais, on a une sorte d'aversion pour les veuves qui convolent à de secondes noces.— Quelle honte! dit-on, d'avoir deux maris; l'un en terre et l'autre dans son lit!

LES TRAFUGEAUX.

Puisque j'ai commencé à parler des coutumes de Montluçon, je vais dire un mot des *trafugeaux*. Le jour des brandons, les habitants élèvent dans chaque faubourg un grand feu de joie. Le soir venu, il vont chercher un des notables de la ville pour l'allumer. Celui qui a reçu cet honneur paie à boire à tous les gaillards qui l'ont choisi. On établit ainsi trois ou quatre feux. Le plus beau est presque toujours celui de Saint-Pierre. Les habitants des hameaux voisins accourent en ville, et l'on danse toute la soirée autour des bûchers enflammés. — Ce sont là les trafugeaux.

LE CHEVAU-FUG.

Il n'y a guère plus de 20 ans que l'autorité ecclésiastique a fait cesser une cérémonie burlesque, qui avait bien aussi son côté impie. Cette cérémonie s'appelait le *chevau-fug*; elle était célébrée par la confrérie du Saint-Esprit. — Cinq confrères portant le costume des soldats d'une certaine époque du moyen-âge, la tête coiffée d'un casque pyramidal de jonc, et commandés par un chef qui était monté sur un cheval de carton, richement harnaché, parcouraient les rues de la ville au son d'une musique guerrière, composée pour la circonstance. Ils étaient suivis d'une foule de confrères dans le même costume. Vous les eussiez vus choquer mutuellement, et en cadence, leurs nobles sabres de bois. Arrivés sur les places publiques, ils simulaient un combat à outrance. Au milieu de la lutte, l'un des soldats se jetait tout à coup par terre, et pour me servir du terme usité, faisait le *Gounau*. Alors, ceux de son parti prenaient la fuite. Les vainqueurs, pour célébrer leur victoire, dansaient une ronde autour de leur ennemi terrassé et s'en allaient. Mais après avoir fait quelques pas, le confrère décoré du cheval de carton, tournant bride, se précipitait contre *Gounau* ressuscité, et feignait de le tuer.

Ce jeu se renouvelait devant les maisons des personnes les plus marquantes de la ville ; la plus belle représentation avait lieu sur la place du Château. Le seigneur de Montluçon payait, à cette occasion, une redevance annuelle d'un boisseau d'avoine au curé de la paroisse de Notre-Dame; mais le curé profitait peu de cette redevance, car le vainqueur amenait son inerte monture dans l'église, et faisait semblant de lui faire manger l'avoine sur l'autel et de la faire boire dans le bénitier. Après la cérémonie, les Cordeliers régalaient les confrères, et les vins de Désertines et de Saint-Victor étendaient à terre plus d'un combattant.

Il paraît que Montluçon était la ville des usages bizarres. — Les historiens nous ont conservé une charte qui nous apprend d'étranges détails sur la condition des filles galantes. — Celles-ci devaient au Seigneur quatre deniers parisis toutes les fois qu'elles se prostituaient à un homme. Elles ne pouvaient se racheter de cet impôt qu'en sautant sur le *Pont-Vieux* , et en accompagnant cette gambade d'une chose que je ne veux nommer qu'en latin... *unum bombum.... solvendum*. N'est-ce pas là le comble du ridicule et de la sottise? vous figurez-vous le singulière mine que devait faire l'individu chargé de percevoir cette redevance? En vérité, c'est encore plus odieux que burlesque.

LES BUVEURS.

Quant au Montluçon d'à présent, il me reste peu de chose à en dire. J'ai oublié seulement de constater que ce pays renferme de terribles buveurs, qui se gorgent des vins du Cher dans des proportions effroyables. Je me rappelle avoir entendu raconter que trois bourgeois de la ville se rendirent un jour au hameau de Chatelard.

Ils se firent servir, dans un cabaret, un poinçon de vin, et le défoncèrent. Ils se mirent à boire, en *mangeant une noix*, comme on dit. Durant deux jours et une nuit, ils ne départirent de la table que pour aller puiser avec le broc dans le poinçon. La pièce mise à sec, ils revinrent à Montluçon, faisant rouler leur tonneau vide le long de la pente tortueuse du chemin de Montmarault. Arrivés aux portes, il la décorèrent de rubans et la portèrent en triomphe, tambour et musette en tête ; et tout le monde d'admirer la prodigieuse aptitude de ces messieurs pour avaler des rasades qui eussent fait honneur à Pantagruel et au frère Jean des Entonneurs. Du reste, on cite plus d'un de nos aïeux qui soulevaient une pièce de vin, à deux mains, et buvaient debout au bondon.

TU AS RAISON, BARDOU !

Tu as raison, Bardou ! Voilà un dicton populaire que vous avez entendu sans doute plus d'une fois à Montluçon, et dont l'origine mérite d'être rappelée ici. Sur la fin de l'empire, il y avait à Boussac un sous-préfet du nom de Bardou. Un jour, un pauvre paysan vient le trouver et le supplie, les larmes aux yeux, de s'employer pour obtenir l'exemption de son fils, inscrit pour cette année sur les registres de la conscription. Il remontra au fonctionnaire que si son fils partait, c'en serait fait de la communauté dont il était le soutien, et qu'il serait réduit à la misère. Le paysan employa enfin, comme argument décisif, un magnifique brochet qu'il offrit au sous-préfet. Celui-ci fit au pauvre père de famille les promesses les plus rassurantes. Mais, dans ce temps là, la guerre décimait nos armées; les soldats manquaient; il fallait toujours de la *chair à canon*. Le fils du paysan avait attrapé un faible numéro. C'était d'ailleurs un vigoureux gaillard; il fut pris par le jury de révision, et partit. A quelques jours de là, le père va voir l'administrateur, qui chercha à payer le bonhomme de belles paroles, se plaignant des exigences de sa position et de la rigueur des temps. Il lui parla honneur, gloire, patrie! Le vieux rusé l'écoutait, le menton appuyé sur son rustique bâton. Quand les explications officielles furent terminées, il s'écria, en branlant la tête: « *Quoué bon! quoué bon! t'as raison, Bardou! t'as fait parti mon garçou et t'as migea mon pessou!* » — C'est une réponse qu'on fait maintenant à tous les donneurs de phrases retentissantes et de mauvaises raisons. C'est là un proverbe de toutes les époques et de tous les goûts. L'eau bénite de cour n'est-elle pas, en effet, une monnaie courante dont l'imbécile, comme l'homme d'esprit, sont le plus souvent obligés de se contenter ?

NÉRIS.

Néris n'a réellement d'importance que pendant la belle saison, alors que les étrangers viennent peupler les nombreux hôtels dont se compose presque exclusivement la *ville-basse*. Quand les hôtels sont fermés, c'est un désert, un tombeau. La *ville-haute* n'est qu'un bourg composé de chétives maisons, habitées par des cabaretiers et des familles qui se livrent à la culture des terres : je n'ai rien à dire de cette population qui n'offre rien de caractéristique ni dans ses mœurs, ni dans ses travaux. Il n'y a que les malades qui viennent prendre les eaux qui puissent nous intéresser un peu.

ANTIQUITÉS.

Je rappellerai d'abord l'antique origine de Néris. Pendant la domination des Romains dans les Gaules, c'était une cité importante, décorée d'édifices splendides. — La grande quantité de fragments d'architecture qui existent encore ou qui ont été signalés par les antiquaires, prouvent que les maîtres du monde avaient voulu faire de Néris une ville belle comme les plus belles villes de l'Italie. Ce n'était pas assez pour les heureux conquérants des Gaules d'avoir là des villas magnifiques, des temples à colonnades, des bains aux piscines et aux baignoires revêtues des marbres les plus précieux, il leur fallait aussi un amphithéâtre pour les tragédies de Sénèque et les comédies de Térence, pour les luttes de gladiateurs ou pour les combats d'animaux féroces. Il y a, en effet, à Néris l'emplacement d'un édifice demi-circulaire, où les vainqueurs et les vaincus venaient jouir d'un spectacle semblable à celui que l'on donnait dans le gigantesque Colysée de la ville impériale. L'amphithéâtre de Néris était demi-circulaire, et avait 168 mètres de circuit en dehors. Un grand nombre de colonnes rondes et unies, des bases et des chapiteaux trouvés dans les décombres, indiquent assez qu'il était décoré de portiques et de pérystiles. Depuis quelques années il fait partie de fort jolies promenades, d'où l'on jouit d'une vue charmante. Les gradins de l'amphithéâtre forment des allées en retraite, auxquelles des acacias prêtent un frais ombrage. Les pariétaires et les églantiers grimpent contre les murailles romaines. Sur l'arêne, jadis engraissée de sang, pousse un gazon épais. Cette promenade ressemble à un délicieux jardin anglais, où les platanes aux larges feuilles et les sapins du Nord marient leur verdure.

LES ÉTRANGERS.

La ville basse se compose, comme je l'ai déjà dit, d'hôtels fort bien tenus, et qui ne sont pas trop éloignés de l'établissement thermal dont on a inauguré une partie, il y a quelques années. Les hôtels Lafond et Dumoulin reçoivent les malades de la haute-volée. Les bourgeois et les rentiers vont loger chez les Forichon. Ce sont là les principaux caravansérails destinés aux étrangers. Il n'y a pas long-temps, c'était dans l'hôtel même que l'on prenait les bains. Il y avait une salle pour les hommes et une salle pour les femmes. Le matin, tout l'hôtel était en mouvement. Vous eussiez rencontré montant, descendant l'escalier une foule de malades, que vous deviniez être en chemises, par le soin avec lequel ils s'enveloppaient dans leurs manteaux. On se baignait et on se faisait doucher six ou huit personnes à la fois dans la même pièce. — Là on riait, on se fâchait; on criait: Vous me faites mal, faites donc attention! vous me brûlez! chacun payait à ses compagnons son tribut de gaîté et de douleurs. Maintenant, les malades ont une baignoire à l'établissement et des piscines dans lesquelles plusieurs personnes peuvent entrer à la fois. En sortant du bain on se fait porter dans son lit. De 10 à 11 heures, l'on descend, en négligé du matin, déjeûner dans la salle à manger ; là, les pauvres patients parlent des effets qu'on produits sur eux leurs bains, leurs douches, et l'énorme quantité d'eau qu'ils ont bue. Chacun fait ses doléances, parle de ses espérances et de ses craintes ; on se console les uns les autres, on se donne du courage. Après le déjeûner, les femmes font une petite toilette, descendent au salon, et attendent en dansant et en causant l'heure d'aller aux piscines. Les hommes, pendant ce temps-là, vont lire les journaux. Les malades un peu valides, font des parties de campagne, tantôt à pied, tantôt sur de méchants locatis, tantôt dans nos infernales pataches. On va visiter les vieux donjons du château de l'Ours, les ruines pittoresques du manoir de Mena, ou bien encore la vaste exploitation de houille de Commentry. Montluçon est aussi le but d'une excursion qui ne manque pas d'intérêt.

A cinq heures, le dîner est servi. Les dames y viennent en grande toilette. Le repas du soir est plus gai que celui du matin ; on a oublié un peu les misères que fait souvent éprouver l'administration de l'eau chaude. Après le dîner on va se promener dans le joli jardin de l'amphithéâtre, où se trouve réunie une société choisie et brillante, comme on en voit le vendredi aux Tuileries. Il y a une foule de petites coteries qui se réunissent, font la conversation, se racontent les événements marquants du jour ; on se critique, on médit les uns des autres ; le temps passe vite ainsi. Bientôt la fraîcheur du soir force les malades de regagner le salon de leur hôtel respectif. Là, les gens d'âge jouent aux cartes. La jeunesse danse au piano. — Il y a bien toujours quelque artiste amateur qui fait de temps en temps de la musique. — Puis on joue aux charades, aux jeux innocents, qui procurent l'occasion de plus d'un doux tête à tête vivement désiré. Et puis l'on se fait des compliments, l'on s'embrasse. Les jeux innocents ont été inventés pour les amants timides.

Après dix heures on se retire, à onze tout le monde est couché. Telle est à peu-près la vie de tous les jours; elle est régulière et réglée comme dans un collége. Elle finirait même par paraître monotone si elle durait long-temps; mais elle fait une agréable diversion à l'existence sérieuse, positive et quelquefois bruyante des cités. D'ailleurs, à Néris on trouve des distractions faciles, de calmes plaisirs. — On a sous les yeux de belles et riantes campagnes. — Et puis, ajoutez à tout cela la satisfaction qu'on éprouve à se débarrasser peu à peu des maux qui vous ont long-temps tourmentés, et vous comprendrez pourquoi cette riche population, qui tous les ans se rend en foule de tous les coins de la France à Néris, a l'air si heureux, et se félicite si hautement du séjour qu'elle fait auprès de nos sources thermales.

LES CHEVAUX.

Les chevaux du pays doivent figurer dans cette *Physiologie*; je crois qu'ils forment une race à part. Ils sont petits; leur tête osseuse s'attache à un cou large et court. Leurs jambes sont munies de longs poils qui varient du rouge au noir. Leur robe ébouriffée est celle d'un ours mal léché. Notre cheval a peu d'apparence et ne paie pas de mine. Il a plus de patience que d'ardeur. Son pied sûr se maintient dans les sentiers les plus escarpés. Sa sobriété est digne d'éloges, et le ferait admettre dans les sociétés de tempérance les plus sévères dont se targuent nos voisins d'outre-manche. Sa philosophie est exemplaire; rien ne l'inquiète, rien ne l'émeut, ni la pluie, ni le vent, ni la grêle, ni la gelée, ni la foudre. Quel que soit le temps, il fait sa corvée sans broncher et sans se laisser emporter par des passions trop turbulentes. S'il ne peut point passer pour un bel animal, vous voyez qu'il offre l'assemblage des plus rares vertus.

A l'automne, vous pouvez voir à Montluçon quelques types de ces honnêtes quadrupèdes; ils arrivent de Saint-Désiré ou de Viplaix, chargés de deux sacs de châtaignes. Leur maître vend la marchandise, va au cabaret, attache ses coursiers à la porte, et les laisse là deux heures entières, sans manger s'entend, pendant que lui s'administre de grandes rasades de vin. Puis il s'asseoit sur une de ses bêtes, et les voilà partis au galop, dans des chemins perdus, les chevaux à peu près à jeun, l'homme bien repu et chantant à tue-tête.

Quand on est de retour au logis, on met des entraves aux jambes du brave cheval, et on le conduit dans de vastes landes ou dans des taillis, et il cherche sa pâture au milieu des bruyères, des genêts et des fougères. Il va sans dire qu'il couche à la belle étoile. Il a souvent de rudes combats à soutenir contre les loups ; quelquefois il est vaincu, mais il lui arrive aussi de se défaire de son ennemi à force de ruades vigoureuses et meurtrières.

LES LOCATIS.

Si encore, pour faire des excursions dans les environs de Néris, on avait des chevaux tels que ceux dont je viens de tracer *le portrait*, on serait très-heureux. Mais ceux que l'on trouve à louer sont ou poussifs ou ruinés jusqu'à la corde. Je ne connais rien de plus triste à voir, rien de plus désagréable à monter que les malheureux locatis qu'on offre aux étrangers. C'est tout au plus s'ils peuvent marcher. Leurs flancs sont déchirés par des plaies profondes dans lesquelles les éperons entrent tout entiers. Frapper leur maigre échine avec une cravache, c'est comme si vous frappiez du bois. Ils sont insensibles aux injures comme aux coups. On part bien, mais on ne revient pas sans peine. Je ne puis oublier que j'ai été sur le point, en désespoir de cause, d'abandonner le mien au beau milieu de la route : *ab uno disce omnes*. Pour descendre la côte de Lagarde, en allant au château de l'Ours, je jugeai prudent de laisser ma bête se tirer seule des ravins comme elle le pourrait, et d'en faire autant de mon côté. Notre sagesse à tous les deux nous fit juger que le meilleur parti était de nous asseoir, et de nous laisser devaler le plus doucement possible jusqu'à la rivière. Je ne conseillerais pas à des dames d'employer le même expédient. D'ailleur je traitais mon locati avec beaucoup de ménagement, car j'avais peur qu'il ne fît la sottise de crever au beau milieu de la route ; alors son juif de propriétaire me l'eût fait payer sans doute trois fois sa valeur ; c'est-à-dire deux ou trois pistoles , ce qui est fort cher , vu que la peau de l'animal est trouée comme un crible. — Le locati ne peut se comparer qu'au cheval de fiacre , pour l'apparence, pour les mœurs et pour le prix. — « Mais allez donc, hâtez-vous donc , je vous donnerai un bon pour-boire » , criait un monsieur à un cocher de Paris. — « Eh ! parbleu, mon bourgeois , répondait le cocher avec un calme et un sang froid dignes d'un Allemand , ne croyez-vous pas que pour quarante sous je vais m'amuser à tuer deux chevaux de vingt francs !» Il raisonnait fort sensément. Si le locati pouvait s'atteler, son conducteur pourrait modérer votre impatience avec des paroles tout à fait semblables.

CUSSET.

ASPECT GÉNÉRAL.

CUSSET est une fort vilaine ville, mais elle est dans un des sites les plus charmants du Bourbonnais; ses environs sont délicieux et très pittoresques. Elle est bâtie dans un vallon ouvert à l'ouest, arrosé par le Sichon et le Jolan, et dominé presque de tous côtés par des collines boisées ou cultivées. Les rues de Cusset sont irrégulières. Le boulevard, cependant, est bien planté et bordé de maisons qui ont assez bonne apparence. Quant à des monuments, il n'y en a pas. Vous n'y trouverez que les restes d'une vieille église romane et une ancienne tour construite en partie avec d'énormes prismes basaltiques : c'est la tour *Notre-Dame* qui, au dire de Nicolaï, « est une des plus belles et des mieux bâties qui se voie ; car, au dedans, elle est propre à loger un roi ou un prince. » Aujourd'hui, elle sert de prison ; et on ne la trouve pas trop magnifique pour loger les malfaiteurs et les vagabonds. Voilà toutes les curiosités qu'offre la ville, à moins qu'on ne veuille regarder comme telle quelques débris des fortifications élevées par Doyat, un des plus zélés ministres du roi Louis XI.

Les événements historiques dont le souvenir se rattache à Cusset, sont de peu d'importance. Je dois dire pourtant que c'est là que se termina la guerre de *la Praguerie*. La paix fut signée entre Louis XI et le Dauphin dans une maison à pignon, située à droite, sur la Grande Place, en face de l'église.

LA SOCIÉTÉ.

Il y a une nombreuse bourgeoisie à Cusset. Les femmes y sont petites, mais jolies ; elles ont l'esprit vif et la langue déliée ; elles ont bonne façon et causent agréablement. Leur coquetterie est assez raffinée. Les grandes dames de Paris, qui viennent à Vichy, leur offrent l'exemple des belles manières et le spécimen des dernières modes, et leur apprennent à les porter avec ce suprême bon goût qui est l'apanage presque exclusif du beau sexe de la Capitale. Quant aux hommes, ils sont dignes en tout point des femmes. Ils sont fort gais et très hospitaliers. A Cusset , on donne des bals charmants et de brillantes réunions, où les dames se distinguent par leur passion fougueuse pour le jeu. Les cartes exercent sur elles une fascination toute puissante.

Il y a deux *cercles* pour les hommes. Dans le pays, on appelle l'un le cercle des *Branle-Loquets*; l'autre, le cercle des *Tabagistes*. Le premier reçoit les hommes d'âge mûr, et représente tout ce qu'il y a dans la ville d'intelligence, de bêtise, de sagesse et de stupidité. L'autre est beaucoup plus gai et plus bruyant, et appartient à toutes les folles têtes de l'endroit, à toutes les bonnes et mauvaises passions de la jeunesse.

Cusset est assez commerçant. Il y a un tribunal où font semblant de plaider des avocats qui, je crois, se sont voués, dès leur plus tendre enfance, au culte de la déesse du Silence ! Ce n'est pas un grand malheur pour le pays ; il y a tant d'autres villes qui regorgent de ces éternels bavards, dont l'éloquence, trouble et fadasse, est un cauchemar perpétuel pour les honorables magistrats auxquels ils parlent, et un aliment actif pour rendre les procès interminables ! sublimes orateurs, à qui l'argot du palais a donné le merveilleux talent de parler le plus souvent pour ne rien dire !

LE MARCHÉ, ET LES POTIERS DE LOURDIS.

Je vous engage à visiter la place du marché un jour de foire. Vous y verrez des costumes assez curieux, et plusieurs petites industries indigènes. Là ce sera le *montagner* (c'est ainsi qu'on appelle l'habitant de la

montagne) qui vend des paillasses ; ici ce sera une pauvre femme qui étalera devant elle des paniers d'osier,

tressés pendant les longs loisirs de l'hiver. Plus loin, vous remarquerez des charrettes à quatre roues, longues et criardes, chargées de planches de sapins sciés dans les vastes forêts qui avoisinent Ferrière et Saint-Nicolas-des-Biefs ; ailleurs, c'est l'étalage des poteries jaunes, ornées de grossiers dessins rouges, fabriquées à Lourdis. Je dois dire un mot de ces ouvriers en céramique. Il paraît qu'on a fait à Lourdis des pots depuis les temps les plus reculés de notre histoire. Les gens qui se livrent à cette industrie, travaillent la terre comme il y a cinq cents ans, et peut-être plus de temps encore. Ils ne connaissent point le tour à potier tel que celui dont on se sert de nos jours. Ils creusent dans le sol un espace carré, y enfoncent un pivot, et adaptent à ce pivot une roue, munie de quatre rayons. Le moyeu reçoit la terre qui doit être pétrie. Pour mettre cette roue en mouvement, l'ouvrier prend un long bâton, le pose contre un des rayons et la fait tourner avec une grande vitesse ; il pose son bâton, s'assied sur un banc, se penche sur le moyeu, et avec ses mains donne à l'argile la forme voulue. Quand la roue ne tourne plus, il recommence le même manége. Malgré des moyens d'exécution aussi imparfaits, il fait des poteries très légères, et parfois très élégantes. Les femmes fabriquent à la main, et sans tour, de grands cuviers à lessive, qu'elles ornent aussi de quelques dessins. Tous ces ouvriers sont agriculteurs ; quand les terres choment, ils font de la poterie. Ils apprennent leur métier de père en fils, et font fi de toutes les ingénieux procédés de la céramique moderne. S'ils le voulaient, je suis sûr que ces paysans tireraient un bien meilleur parti de leur adresse et de l'excellente argile qu'ils ont à leur disposition. Mais ils préfèrent s'en tenir à la poterie vulgaire, qu'ils donnent à plus bas prix; ils trouvent à cela des bénéfices plus certains.

Je ne veux pas quitter Cusset sans rapporter une coutume. Quand une jeune fille a un amoureux, elle va faire un pélerinage dans la vallée de Suchon; elle gravit le flanc abrupte de la montagne, de manière à pouvoir dominer un énorme rocher qu'on appelle *le Saut de la Chèvre*; elle ramasse trois pierres et les jette successivement sur l'étroit plateau qui termine ce rocher. Le sort de ces trois pierres doit décider du sort de ses amours. S'il n'en reste qu'une sur la roche, la jeune fille a bien quelque chance de se marier avec le galant qu'elle aime; « mais, dit M. Ad. Michel, chance faible et éloignée; il y aura de grandes contrariétés à subir. S'il en reste deux, les chances s'améliorent au moins de moitié; et sans doute qu'une neuvaine à Saint-Nicolas lèvera l'obstacle inconnu qui doit venir à la traverse de la conclusion qu'on désire. Mais si les trois pierres se fixent au but qu'on a visé, oh! alors, le mariage est certain, et il s'accomplira avant la fin de l'année : on doit une chandelle d'actions de graces au bon Saint Nicolas.

Quelquefois l'amoureux est du pélerinage, et c'est lui qui choisit les pierres que jettent la jeune fille; il les choisit larges, plates, le moins roulantes possible; il voudrait bien pouvoir les enduire de glu ou de poix, car son progrès dans les faveurs de la belle tient essentiellement au succès de l'épreuve fatidique. Chaque pierre qui roule est un avertissement pour la vertu de Lisette ; mais vous sentez que si les trois pierres sont restées au but, il est difficile de refuser quelque chose à l'amant qui sera bientôt un mari. Hélas ! tout oracle est menteur ! et celui du *Saut de la Chèvre* s'est montré plus d'une fois complice d'un séducteur rusé et volage. Les jeunes filles le savent, ce qui n'empêche pas qu'elles aillent souvent consulter l'oracle.... Si encore elles y allaient seules !

VICHY.

VUE GÉNÉRALE.

Vichy est tout près de Cusset. Pour y aller on a le choix entre une grande route et l'*Avenue de Mesdames*; celle-ci offre une longue allée ornée de peupliers, qui suit les sinuosités du Sichon, et qui a été plantée, en 1784, par les ordres de mesdames Adélaïde et Victoire, tantes du roi Louis-Philippe.

Vichy est l'*Aquæ calidæ* des Romains. Cette ville a dû être très fréquentée par les conquérants des Gaules, à en juger par les nombreuses antiquités qu'on a découvertes dans le sol. Leurs thermes devaient occuper les champs dépendant de la *Ville-aux-Juifs*. Au moyen-âge, la ville se rapprocha des bords de l'Allier et s'éleva au Midi sur une petite colline. L'histoire ne nous apprend rien sur son compte. Nous savons seulement que, dès le XIIe siècle, c'était une des châtellenies du Bourbonnais. Vichy avait un pont qui était comme la porte de l'Auvergne; ce qui lui donnait par conséquent une assez grande importance. Ce pont fut une cause de désastres pour la ville pendant les guerres de religion.

Vichy n'est pas situé, comme la plupart des cités thermales, dans une gorge profonde, au milieu d'un pays sauvage et de difficile accès. Il s'élève au milieu d'une campagne riche et bien cultivée, à l'extrémité de cette bienheureuse Limagne que caresse mollement l'Allier et la Dore, et qui s'appuie, au Midi, contre de riants côteaux couverts de vignobles. Mais il y a deux villes dans Vichy; l'une que l'on appelle *Vichy-la-Ville*, et l'autre *Vichy-les-Bains*. L'une vieille, triste, maussade; l'autre neuve, propre, élégante, et joyeuse, paresseusement couchée au bord du fleuve, la tête parée des fleurs de ses prairies, souriante et coquette. Elle embellit sans cesse ce séjour sur lequel ses Naïades versent tous les trésors de leur riche corbeille, et elle voit passer sans envie les précieuses récoltes que l'Auvergne envoie dans les provinces voisines. La gaîté est encore une des déesses qui président à ces beaux lieux; et, à sa suite, accourt cette foule brillante et parfumée d'heureux malades, d'opulents oisifs qui viennent oublier au milieu de ces campagnes enchantées leurs souffrances et les plaisirs tumultueux des grandes cités. On ne saurait en effet se faire une idée de l'affluence des personnes de tout sexe, de tout âge, de toute condition, qui viennent de tous les pays chercher à Vichy la santé ou des délassements. On y met bien en pratique, je vous assure, cette philosophique maxime que j'ai lue sur le portail de la maison du médecin inspecteur : BENÈ VIVERE ET LÆTARI, *bien vivre et se réjouir*. N'est-ce pas là, en effet, une prescription médicale tout à fait à sa place, et qui doit trouver une application journalière?

LA PROMENADE.

C'est sur la promenade qui sert de cour d'honneur à l'établissement thermal qu'il faut voir se presser les flots de la population buveuse et baigneuse de Vichy. On se croirait transporté, comme par enchantement, au milieu du royal jardin des Tuileries, par une de ces belles journées où tout ce que Paris renferme de jolies femmes et d'oisives notabilités semble s'être donné rendez-vous. Et peut-être encore n'y trouve-t-on pas un monde aussi varié qu'à Vichy. Ici, on peut voir tous les jours en présence les prétentions provinciales et l'afféterie parisienne, l'amour propre de l'artiste et la morgue du financier, la brusquerie du vieux militaire et les formes quelque peu cauteleuses de l'homme de loi, la bonhomie du rentier et l'astuce du négociant. Une semblable réunion est à elle seule un sujet inépuisable d'observations piquantes, mais par malheur, cette riche population n'a déployé que pour quelques mois seulement ses tentes dans cette oasis de la civilisation. Bientôt elle dit adieu aux Nymphes bienfaisantes de Vichy et fuit vers d'autres contrées à la recherche d'autres plaisirs. Il n'y reste que les vrais malades, à la figure pâle et maigre, à la physionomie triste et soucieuse. Ce n'est plus de joies et de fêtes qu'il s'agit, mais de plaintes et de souffrances. Quand la mauvaise saison force ceux-ci à partir, la ville semble tomber dans un sommeil léthargique. Elle ferme ses portes aux vents d'hiver et devient tout à coup déserte comme si le génie de la mort eût étendu sur elle son fatal linceul. Elle reste ainsi morne, inanimée jusqu'à ce que les primevères, modestes comme les violettes, sourient aux baisers du soleil, jusqu'à ce que l'hirondelle fidèle à nos contrées soit revenue suspendre aux fenêtres hospitalières son nid et ses amours.

MADAME DE SÉVIGNÉ.

Les eaux de Vichy ont été de tout temps fort fréquentées. Les malades qui y arrivaient ne trouvaient guère que des bicoques pour se loger. Le palais des Thermes, décoré du titre de *Maison du roi*, portait cette fastueuse inscription : *Levate et porta grabatum.* C'est dire que là s'opéraient les plus beaux miracles. La vie qu'on menait à Vichy était à peu près ce qu'elle est aujourd'hui. Les descriptions qu'en fait Madame de Sévigné, cette conteuse si charmante et si spirituelle, sont encore exactes. « J'ai donc pris les eaux ce matin, ma très chère, écrit-elle à sa fille ; ah ! qu'elles sont mauvaises ! J'ai été prendre le *chanoine* qui ne loge point avec M. de Brissac. On va à six heures à la fontaine ; tout le monde s'y trouve, on boit et l'on fait une fort mauvaise mine ; car imaginez-vous qu'elles sont bouillantes et d'un goût fort désagréable. On tourne, on va, on vient, on se promène, on entend la messe, on rend ses eaux, on parle confidemment de la manière dont on les rend ; il n'est question que de cela jusqu'à midi ; enfin on dîne ; après dîner, on se promène, on va chez quelqu'un. Il est venu des demoiselles du pays avec une flûte, qui ont dansé la bourrée dans la perfection. C'est ici où les Bohémiennes poussent leurs agréments ; elles font des *dégognades* où les curés trouvent un peu à redire. Mais enfin, à cinq heures, on va se promener dans des pays délicieux ; à sept heures, on soupe légèrement ; on se couche à dix. Vous en savez à présent autant que moi. » Ailleurs elle parle de la douche dans des termes fort plaisants..... « J'ai commencé aujourd'hui la douche : c'est une assez bonne répétition du purgatoire. On est toute nue dans un petit lieu souterrain, où l'on trouve un tuyau de cette eau chaude, qu'une femme vous fait aller où vous voulez. Cet état, où l'on conserve à peine une feuille de figuier pour tout vêtement, est une chose assez humiliante. Représentez-vous un jet d'eau bouillante contre quelqu'une de vos pauvres parties ; on met d'abord l'alarme partout, pour mettre en mouvement tous les esprits ; puis, on s'attache aux jointures qui ont été affligées ; mais quand on en vient à la nuque du cou, c'est une sorte de feu et de surprise qui ne peut se comprendre ; c'est ici cependant le nœud de l'affaire. Il faut tout souffrir et l'on souffre tout, et l'on n'est point brûlé ;

on se met ensuite dans un lit bien chaud où l'on sue abondamment, et voilà ce qui guérit. »

On ne peut raconter avec plus de verve l'effet des eaux sur les malades. Mais si Mme de Sévigné, qui trouvait ce pays si délicieux, qu'elle disait que si l'on y regardait bien, on y trouverait encore les bergers de l'Atrée, voyait Vichy avec tous ses embellissements, elle serait bien étonnée. L'établissement thermal, pour n'être pas d'un bon goût ni d'une belle architecture, n'en est pas moins un édifice imposant. Le jardin public planté d'ormeaux, de platanes et de tilleuls, dont l'ombre s'étend sur de larges tapis de gazon, terminés par des plates-bandes, forme une jolie promenade. Tous les hôtels qui se groupent autour du palais thermal, ont une fort bonne apparence, sont tenus avec soin, décorés avec recherche, et offrent un séjour tout à fait confortable. L'aristocratie de vieille roche se loge à l'hôtel *Chaloin*. Le grand monde d'aujourd'hui a pris sous sa protection les hôtels *Sornin*, *Cornil* et *Guillermin*. La bourgeoisie se trouve plus à l'aise dans l'hôtel *Montaret*. Du reste, il y a une foule d'autres maisons où l'on a un bon gîte et un bon couvert pour un prix qui n'a rien d'exorbitant. Les premiers venus sont les mieux logés. Il arrive un moment où tout est envahi, où tous les appartements sont loués, et où les malades sont obligés de refluer jusqu'à Vichy-la-Ville et même jusqu'à Cusset.

LE GOUTTEUX ET LE CALCULEUX.

Si vous allez à Vichy, voici ce que vous observerez

tous les jours: Entre cinq et six heures du matin, tous les buveurs sont sur pied, et alors commence une procession longue et silencieuse qui se dirige vers le *puits de l'Hôpital* et vers la *source des Célestins*. Que d'infirmités humaines sont rassemblées là, depuis le podagre dont les articulations douloureuses ne peuvent se fléchir, et qui se traîne plutôt qu'il ne marche, jusqu'au calculeux pour qui chaque pas est une souffrance que révèlent les contractions de sa figure. Goutteux et calculeux, ils arrivent tous à Vichy, n'ayant plus d'espoir et de confiance que dans les merveilles qu'ils ont entendu raconter des sources bi-carbonatées. Mais il faut consulter les médecins; et alors le malade tombe dans une affreuse perplexité. Le grand médecin lui dit : « Si vous buvez mes eaux hardiment et largement, et que vous vous mettiez à un régime sévère, je puis vous promettre une guérison à peu près assurée. Le médecin gros-court, de son côté, dit: — « Si vous buvez les eaux , je vous préviens , vous , que votre goutte sera une anticipation de l'enfer , et vous , que votre pierre deviendra pour le moins un rocher; votre vie à tous les deux ne sera plus qu'un long martyre, et vous mourrez misérablement dans les plus atroces douleurs. » Voici deux consultations qui mettent les pauvres malades dans de furieux embarras. Car enfin , qui jugera les deux médecins? Sans doute l'académie de médecine et l'académie des sciences, deux corps fort instruits sur ces sortes de choses, et qui concilient la théorie avec l'expérience. Eh bien! la première donnera à peu près gain de cause au grand médecin ; et la seconde se prononcera tout à fait en faveur du gros médecin. De sorte que la guerre n'est pas près de finir, et qu'elle ne finira pas sans qu'il reste bon nombre de morts et de mourants des deux parts, sur le champ de bataille.

Le malade, lui, ne sait à quel saint se vouer. Galien dit *oui*, Hippocrate dit *non*. Il est partagé entre la crainte et l'espérance; mais c'est toujours cette dernière qui l'emporte; il reste donc à Vichy, et se met à boire les eaux. Mais il en boit, mais il en avale, que c'est un spectacle effrayant. C'est à ce point que la source des Célestins commence à se tarir. Il faut plaindre d'autant plus les pauvres diables qui sont devenus tout à coup hydrophiles et qui se sont mis au régime en usage chez la gent des grenouilles, qu'ils ont été jusqu'à présent des viveurs par excellence , fins dégustateurs de vieux vins, grands juges en matière culinaire, et hardis consommateurs de tout ce qui peut figurer avec honneur sur une table de gastronome bien éduqué. Mais par un juste retour des choses d'ici-bas, *sic fata voluerunt*, il faut se mettre au vert, en d'autres termes, manger des légumes, des viandes blanches, du tout modérément, et ne boire que des eaux alcalines. C'est triste, mais consolant. Voilà pourtant à quels tristes résultats mène l'excès des meilleures choses ! Si jeunesse savait et si vieillesse pouvait ! C'est vrai, mais à ce compte, la vie serait une mystification. J'ai horreur des proverbes, on ne se les rappelle jamais, que quand il n'est plus temps de les écouter. Un proverbe me fait l'effet de ce pédant qui admoneste son élève en train de se noyer, au lieu de l'aider à se tirer de l'eau.

LES BUVEURS.

Laissons donc les goutteux livrés tout entiers à leurs regrets et à leur nouvelle passion pour l'eau tiède. Parlons un peu des malades qui cheminent auprès de la fontaine de l'*Hôpital*. Ceux-là ont les viscères endommagés; visage pâle tirant un peu sur le vert marécageux, corps débile et presque transparent, physionomie languissante et mélancolique, voilà le portrait de toutes ces pauvres femmes atteintes de gastrite. Elles boivent un verre d'eau, donnent un sou à la vieille Hébé qui puise l'onde régénératrice, se promènent lentement comme les philosophes du Portique, reviennent, boivent, paient de nouveau, se promènent encore, et recommencent cet exercice jusqu'à 5 ou 6 fois. Puis, ce sont les ictériques, gens tristes et moroses, dont la peau a la couleur des gants-paille, une couleur fort à la mode. Les hypocondriaques, malades du corps et de l'esprit, qui traînent à leur suite l'ennui et le découragement. Je ne parle pas d'une classe d'étrangers qui viennent à Vichy plutôt pour s'amuser que pour rétablir leur santé, qui boivent les eaux par passe-temps et seulement pour augmenter les forces digestives de leur estomac; ce sont ceux-là surtout qui mettent en pratique la devise du médecin inspecteur : *Benè vivere et lætari*.

LES BAIGNEURS.

La galerie transversale du palais thermal est le rendez-vous de la nombreuse classe des baigneurs. L'administration des bains commence souvent avant le lever du soleil pour ne finir qu'à la nuit. C'est là que les malades se rencontrent en robes de chambre et en pantoufles, quelques-uns en manteaux, d'autres travestis de la manière la plus bizarre. Je n'ai pas à parler des mystères de la salle de bains, ni des arcanes souterrains de la douche. Chacun se délecte seul et à son aise dans son eau, en lisant un roman. Il est superflu de dire que par une mesure que commande la prudence, les hommes et les femmes ont chacun une galerie séparée; ce qui n'empêche pas pourtant qu'un beau jour, en plein midi, on aperçût l'ombre hardie d'un lion parisien s'élançant de la fenêtre d'un cabinet de bain, occupé par une dame de haute volée. Le scandale fut grand. L'indignation du beau sexe fut portée à son comble; un moment, MM. Brosson furent inquiets pour l'avenir de l'établissement mis sens dessus dessous par une foule de vertueuses panthères de tout âge et de toute forme. Je vous laisse à penser si l'on jeta les hauts cris. Pendant huit jours, toute la ville fut en émoi. Je vous prie de croire pourtant qu'un pareil événement ne s'est plus renouvelé.

EMPLOI DE LA JOURNÉE.

A neuf heures, un coup cloche annonce dans tous les hôtels que l'heure du déjeûner approche. A dix, on se met à table. Le repas est bientôt fini. On passe alors au salon. On cause, on fait de la musique. On danse quelquefois. Les amateurs de billard et de politique vont au salon de l'établissement jouer et se repaître de la lecture des journaux.

Si le temps est beau, il s'organise toujours quelque partie de campagne. Un *omnibus* conduit à Cusset. Des espèces de calèches, et des pataches (hélas !) partent à volonté pour Randan. Pendant la saison des eaux, il y a un manège où les dandys trouvent à louer des chevaux sur lesquels ils peuvent caracoler aussi fièrement que dans les Champs-Elysées. Mais les parties les plus amusantes se font à ânes. On va ainsi visiter les bords du Sichon si riants et si agrestes, la belle filature des *Grivats*, la *Cascade du Gourre-Saillant*, la *côte de Saint-Amand* d'où l'on jouit d'une vue magnifique qui s'étend sur la plaine de l'Allier et jusqu'à la chaîne du Puy-de-Dôme, dont les cratères azurés se confondent avec le ciel à l'horizon le plus éloigné.

LES ANES.

Parlons un peu des ânes. Ils méritent certes bien une mention honorable pour les nombreux services qu'ils rendent aux malades de Vichy. Ils ont de fort jolis noms. Voici *la Sylphide*, ***Blanchette***, ***Rachel***, ***Grisette***, ***Madeleine***, ***Fanchon***, que sais-je encore? Vous n'avez que l'embarras du choix. L'animal est en bon état, a le ventre rebondi, la jambe fine, le pied assuré, l'oreille relevée. Il porte une selle anglaise avec infiniment de grâce. Il ne se cabre jamais, mais il rue souvent. Bien que son humeur soit très pacifique, cependant ne le tourmentez pas trop ; car s'il ne prend pas le mors aux dents, il ne désarçonne pas moins pour cela son cavalier ou sa belle amazone, et plus d'une fois, il finit par jeter à terre d'une façon fort irrévérencieuse son noble fardeau ; et ma foi, alors il part au galop et bride abattue. C'est là toujours un accident fort gai, à la suite duquel je n'ai jamais entendu dire qu'il y eût eu des bras et des jambes cassés. Du reste, l'aliboron de Vichy est dur à la fatigue. On peut faire plusieurs lieues sur son dos, sans qu'il manifeste le moindre mécontentement, la moindre impatience. Il est d'ailleurs tout fier de sa charge aristocratique qu'envierait le plus fringant destrier. Tantôt il porte d'élégantes et mélancoliques jeunes femmes ; tantôt il traîne de grands garçons dont les jambes longues et effilées labourent le sol. Si votre baudet, qui se pavane autant que ce mulet,

Qui marchait d'un pas relevé,

ne fait pas comme celui-ci *sonner sa sonnette*, c'est que,

pour épargner les oreilles délicates et sensibles des malades, on ne lui a pas mis au cou la clochette de rigueur.

L'âne de Vichy est un heureux mortel. Pendant trois mois, il se promène joyeusement. Le reste de l'année, il se repose et se prépare à de nouvelles excursions pittoresques. Pendant ce temps-là il est bien logé, bien nourri, étrié, peigné, brossé, frotté, lustré. Il mène, en un mot, une existence de bénédictin ; mais hélas ! cette vie de paix et de bonheur ne dure pas toujours. Il arrive un temps où l'âne passe aux mains d'un jardinier ou d'un vigneron qui lui met le bât sur le dos, une méchante corde pour licou, et le fait travailler durement du matin au soir. Alors il est roué de coups et fait maigre chère. Mais il a un naturel si complaisant qu'il prend son mal en patience, et fait sa corvée de la manière la plus honnête. Voilà l'île de Sainte-Hélène du glorieux aliboron qui a fait long-temps les délices des buveurs d'eau de Vichy.

LA FIN DE LA JOURNÉE.

Revenons maintenant à l'emploi que l'étranger fait de la fin de sa journée à Vichy. Avant le dîner, la procession aux sources recommence, et l'on boit de plus belle de nombreuses rasades. Les femmes arrivent au dîner en grande toilette, et le repas est beaucoup plus solide, beaucoup plus animé que le déjeûner. L'eau qu'on a avalée, l'exercice qu'on a pris ont ouvert l'appétit des estomacs les plus paresseux.

En sortant de table, on se promène dans le jardin de

l'établissement, puis on se réunit dans le salon de l'hô tel dont la principale et indispensable pièce d'ameubl ment est un piano qu'on a toujours beaucoup de peine mettre d'accord, mais qui suffit aux besoins de la so ciété dansante et chantante. Les sages jouent aux ca tes ; les jeunes gens forment des quadrilles. Il y a tou jours aussi quelque *prima dona* ou quelque *tenor* ama teur qui sont bien aises de faire entendre leur voix et d dire les grands airs des opéras à la mode. Il y a souve des bals. Chaque hôtel donne le sien et invite les com mensaux des autres hôtels. Les soirées dansantes le plus brillantes et les plus nombreuses ont lieu une foi par semaine dans la grande salle de l'établissemen thermal. Tout le monde y est admis, moyennant un légère rétribution.

Telle est la vie des étrangers à Vichy, vie douce, fa cile, qui fait oublier aux pauvres malades leurs souffran ces, et qui est pleine d'enchantements pour les gen qui ne viennent chercher là que des plaisirs et des dis tractions. Aussi Vichy sera-t-il long-temps encore l rendez-vous de la société brillante pour laquelle u voyage aux eaux est devenu un besoin autant qu'une ha bitude. Vichy, je l'espère, ne déchoira pas de sa splen deur actuelle. Ses eaux si salutaires, ses beaux hôtels ses magnifiques campagnes en feront long-temps en-core rechercher le séjour. Ses thermes n'ont rien à en-vier aux thermes les plus célèbres de l'Europe.

TROISIÈME PARTIE.

LES HABITANS DES CAMPAGNES.

LA FERME.

Les chapitres qui vont suivre sont empruntés, en partie, à A. Allier et à l'*Ancien Bourbonnais*, qui nous a fourni déjà plus d'un renseignement utile. Il faut rendre à César ce qui est à César, et régler ses comptes avec tout le monde. J'espère qu'on me saura gré de ne pas essayer de refaire, de mon propre chef, ce qui est fait déjà ; mais on me permettra bien d'ajouter quelques détails nécessaires pour compléter cette physiologie.

Les citadins des grandes villes, qui s'imaginent que la vie des champs est pleine de douceurs et de poésie, qui croient à l'existence des bergers et des bergères, comme les ont peints Lancret et Watteau, ou comme les ont représentés Racan, Florian et madame Deshoulières, sont à trente millions de lieues de la vérité, juste la distance qu'il y a entre la terre et le soleil. La condition du paysan est bien, au contraire, ce qu'il a de plus triste et de plus déplorable à considérer, soit au point de vue matériel, soit au point de vue moral.

Si vous voulez savoir ce qu'est une métairie du Bourbonnais, je vais tâcher de vous en donner une idée exacte. Comme je l'ai dit, la famille vit en communauté. Elle se compose quelquefois de six, huit individus, sans compter les enfants en bas âge. Leur habitation offre le plus misérable aspect. Imaginez-vous un corps de logis qui s'appuie contre une grange et des étables; au-devant se trouve la pelotte de fumier, avec sa marre, dans laquelle barbotte un essaim de canards. La maison, couverte tantôt en tuiles, tantôt en paille, n'a qu'un rez-de-chaussée, souvent divisé en deux pièces. Elle est rarement carrelée; le sol se compose plus généralement de terre massivée. La lumière arrive dans ce réduit par une porte et quelques fenêtres étroites, à travers lesquelles la bise d'hiver se fait rudement sentir. Parlons maintenant de ce que renferme ce logis. A l'extrémité de la principale chambre se trouve une large cheminée dans laquelle brûlent une souche ou quelques branches d'arbres qu'on a taillés. Dans le fond, vous voyez de vastes lits, fort élevés, et à baldaquin : espèce de tombeaux qui reçoivent toute la famille. Devant chaque lit est un coffre en noyer ou en chêne, propre et luisant, qui renferme le linge et les habits. Les plus riches paysans ont une armoire qui fait pendant à un dressoir, dans lequel sont étalés les vases de terre et de faïence peinte. Un bénitier est suspendu vers le lit, et derrière la porte sont appliqués un rameau béni et une petite croix d'osier qu'on renouvelle tous les ans. Une longue table au milieu de la pièce, quelques chaises grossières çà et là, et des escabeaux de bois près du foyer, complètent l'ameublement. Dans *le tourtier* fixé aux solives du plafond, sont disposées plusieurs énormes *miches* d'un pain noir et compacte, miches qui ne pèsent pas moins de trente-six livres chacune. Les poules voltigent dans la chambre ; les cochons ont leur entrée libre et viennent fouiller la *bassie*; le chien se pose en maître devant le foyer, l'enfant crie dans son berceau, ou s'essaie à marcher, le corps pris dans une lunette qui glisse en avant et en arrière, entre deux longues pièces de bois supportées sur des pieds; c'est ce qu'on appelle la *celle-courante*. La ménagère file ou tricote au coin du feu, teille le chanvre, ou prépare le dîner des hommes qui travaillent dans les champs. Sa science culinaire n'a pas de grands secrets : pourvu qu'elle sache faire une soupe à l'oignon ou aux choux, une omelette aux herbes, accommoder des haricots ou des pommes de terre au lait, et faire des galettes, c'est assez; car voilà à peu près le menu de tous les repas. Avec cela, on boit de l'eau, quelquefois du cidre, ou même de la *boisson*, qui se fait avec le marc du raisin, quand le vin vient d'être tiré de la cuve. C'est détestable; et cependant, cette nourriture si frugale n'empêche pas que nos paysans ne soient forts et robustes et ne résistent très bien aux dures fatigues des travaux de la campagne.

LE TRAVAIL DE LA FERME.

Il est rare qu'il n'y ait pas de besogne dans une métairie; on y chome fort peu. Les hommes labourent et hersent les terres, conduisent les fumiers et sèment les grains; puis viennent de temps en temps les foires où l'on conduit les bestiaux; puis, viennent la fenaison et les moissons, puis c'est le blé que l'on bat, ce sont les haie et les fossés que l'on répare, ce sont les charrois de bo ou de pierres qu'il faut faire pour soi ou pour le maître Les six jours de chaque semaine de l'année sont bie employés, je vous assure. Dans quelque saison même le paysan est dans ses champs avant le jour, pour n quitter le travail qu'à la nuit tombante. C'est là, com me vous voyez, une existence toute de peines et de mi sères, et qui ne porte pas même avec elle l'espéranc d'un sort plus heureux dans un avenir plus ou moin prochain.

La vie de la femme n'est pas moins laborieuse. A l'é poque des semailles, c'est elle qui dépèce et étend le fu mier sur terres; c'est elle aussi qui fane le foin e le regain dans les prés. Enfin, à la moisson, elle s'ar me de la faucille et va couper les blés. Pourtant, elle passe la plus grande partie du temps au logis, et y a de quoi s'occuper. Un jour c'est le pain à faire et le four à chauffer; un autre jour c'est la lessive. Il faut préparer le beurre et le fromage et les porter au marché voisin. Tout cela doit se faire sans parler des mille soins qu'entraîne toujours la bonne tenue d'un ménage. La paysanne, d'ailleurs, n'est jamais oisive. Quand elle est mariée (et toutes se marient, car le célibat est une plaie inconnue dans nos campagnes), elle a toujours des enfants à allaiter, à bercer, à faire manger, à élever. Les plus grands enfants soignent les plus jeunes. Les filles surtout font de bonne heure l'apprentissage de la vie sérieuse; elles gardent le logis, veillent sur leurs petits frères, toujours plus turbulents qu'elles, et savent se rendre utiles d'une infinité de manières dans la maison.

LE PORCHER ET LA BERGÈRE.

A l'âge de neuf ou dix ans, le petit garçon devient porcher, et il gagne sa vie dans sa famille ou chez un maître qui le nourrit et lui donne six francs par an. On ne lui apprend ni à lire ni à écrire. Les filles savent filer

à la quenouille et tricoter grossièrement. Quand on veut faire faire la première communion aux enfants, quelque bourgeois du voisinage leur apprend le catéchisme et des prières.

Ils n'ont pour se guider dans la vie que la traditi
et l'instinct. Le matin, le porcher part, armé d'un fou
et conduit ses cochons fouiller les champs et les bra
des ; à l'automne, il les mène à la *glandée*, sous les ch
nes. Il reste là, seul, avec ses bêtes, des journées e
tières, sans parler à ame qui vive, et sans rien voir a
tre chose que le ciel et les arbres ; et pourtant il ne s'e
nuie pas. A quoi peut-il penser ? Dieu seul le sait. Il
est de même de la bergère. C'est une fille raisonnabl
elle file tout le long du jour ; elle a un chien q
a bien autant d'intelligence qu'elle, et qui lui tient co
pagnie. Le matin, elle met un gros quartier de pain da
son tablier noué autour de la taille , et la voilà part
en chantant de vieux couplets.

Peu à peu le petit garçon est dressé aux travaux
la ferme ; peu à peu la jeune fille s'habitue aux soins
ménage. Celui-là, à l'âge de 15 à 18 ans, est un homn
indispensable à la communauté. La fille se met souve
en condition, devient domestique dans une petite vill
et apprend un peu à travailler. Au bout de quelques a
nées, elle revient à son village , se marie , et commen
cette dure existence dont j'ai parlé en commençant
chapitre. Voilà comme les choses se passent à peu pré
dans toutes nos campagnes. Parlons maintenant d
costumes des vrais paysans bourbonnais.

LE COSTUME.

Il n'y a guère que les anciens qui aient le véri
table costume national. Ils portent un habit carré

une espèce de redingotte, à taille plus ou moins serrée, et pouvant se boutonner dans toute sa longueur. Les manches descendent jusqu'au poignet; et leurs larges parements, remontant vers le coude, sont ornés de vastes boutons et de boutonnières garnies de fil rouge. Les poches sont sur le côté, et décorées, comme le reste de l'habit, de boutons et de boutonnières. Par-dessous,

ils ont un gilet rond, retombant assez bas sur la culotte

Celle-ci descend jusqu'à mi-jambe; elle est serrée au-dessus des hanches, et recouverte par des bas qui sont tirés sur les genoux et y sont attachés avec une jarretière rouge ou bleue. Ils marchent avec des sabots ou d'épais souliers, solidement ferrés. Un chapeau de feutre, à grands bords, leur couvre la tête. Leurs cheveux leur flottent sur les épaules comme chez les antiques habitants de la Gaule. L'étoffe dont ils se servent est un droguet bleu, fort grossier. Beaucoup de paysans ont maintenant, au lieu de l'habit, une simple carmagnole, un long pantalon à bretelles, et dont la boucle reluit derrière le dos. Quelques jeunes gens ont même adopté le chapeau bourgeois, chapeau absurde, qui embarrasse et ne garantit la figure ni de la pluie, ni du soleil. Quand ils vont à la ville, ils mettent par-dessus tout cela une blouse bleue en cotonnade. Voilà le costume du dimanche. Pour travailler, ils ont de vieux chapeaux dont les ailes sont repliées, roulées de chaque côté, et des vêtements rapsodés avec des pièces de toute nuance, souvent grises, ou mieux *couleur de la bête*.

Les paysannes ne se servent pas de corset; aussi ont-elles la taille épaisse et carrée, et rejettent-elles la poitrine et la tête en arrière. Quelquefois, cependant, elles en portent un piqué et baleiné, après lequel s'attache la jupe de la robe. C'est l'ancienne mode. Les manches sont courtes et laissent passer un peu de la manche de chemise. Le plus souvent le corsage et la jupe tiennent tout à fait ensemble. Toutes les paysannes ont un long tablier, en général de couleur rouge, qui est serré bien au-dessus des hanches. Il se termine par une *pièce* carrée qui s'étend sur la poitrine. Un simple fichu couvre le cou et les épaules. Quant à la coiffure, elle varie beaucoup plus que les autres parties de l'habillement. Tantôt c'est un bonnet garni de dentelles, tantôt un bonnet dont les barbes retombent sur le dos ou sont croisées sur le front. Les cheveux forment un chignon assez épais par derrière ; en avant, ils sont lisses et presque entièrement cachés par un serre-tête. Le chapeau est ce qui caractérise le costume bourbonnais. Il est tressé en paille, et on l'a comparé, avec raison, à une nacelle, ou mieux à une jonque chinoise. Il se compose de trois parties : celle du milieu a la forme d'un cone tronqué, et reçoit la tête; la partie antérieure s'évase et s'ouvre presque comme les capotes de nos dames; enfin, la postérieure se retrécit et se contourne en volute renversée. On le double en soie, ou en percaline, tantôt rose, tantôt bleue, et on le rehausse en dehors de rubans de velours et de petits cordons de paille qui forment divers dessins. Nos campagnardes portent ce chapeau avec beaucoup de coquetterie, le relevant en arrière et l'inclinant un peu sur l'oreille. Chaque fois qu'elles vont à la noce, elles le décorent des *livrées* qu'elles ont reçues. Ce chapeau, non moins original que gracieux, ne se porte que dans le centre du Bourbonnais. Vous le trouverez dans une zone circonscrite par une ligne qui passerait à Chevagnes, Varennes, Châtel-de-Neuvre, Villefranche, Hérisson, Lurcy et Saint-Pierre-le-Moûtier. Ailleurs, c'est à peu près le chapeau auvergnat qui est en usage. A Montluçon, les femmes ont seulement un bonnet dont le fond varie suivant les localités.

La robe des paysannes d'aujourd'hui est faite très simplement et a la taille très courte. Les manches sont plates et n'ont pas de poignets. Pour l'été, elles sont d'étoffe de coton peinte; pour l'hiver, elles sont en droguet bleu. Les filles les plus coquettes, celles qui marchent avec le siècle, ont des manches à gigots et un tablier sans pièces. Quelques-unes dédaignent le chapeau et attachent leur bonnet avec de larges rubans noués sur le front. Les bas blancs sont de rigueur. On a des souliers, mais on porte encore plus de sabots. Ceux-ci sont très découverts, ornés de dessins gravés dans le bois, et munis, à la hauteur du coude-pied, d'une large *recolle* de cuir ouvré. En fait de joyaux, la paysanne a de grandes boucles d'oreilles d'or, une croix et un cœur également d'or, attachés au cou par un petit ruban de velours noir. Quand elle se marie, elle s'achète une *alliance* et une chaîne en jaseron. Les riches fermières ont seules des bagues de fantaisie.

Pour se garantir de la pluie, les femmes de la campagne portent une *cape* en toile bleue, d'une forme par-

ticulière. C'est un petit manteau, peu étoffé, sans manches, qui s'agraffe par devant, et qui se termine supérieurement par une espèce de capuchon pointu. Une paysanne ne se met jamais en route sans sa cape. Si elle ne l'a pas sur le dos, elle la porte pliée sur le bras. A

Montluçon, le capuchon est beaucoup plus ample, et peut se rabattre sur le dos.

CARACTÈRE DU PAYSAN BOURBONNAIS.

Le caractère simple et honnête de l'habitant de la campagne est empreint de cette espèce de finesse qui semble appartenir à toutes les natures primitives. L'instinct de la ruse et de l'habileté se déguise quelquefois chez lui sous les apparences de la candeur et de la bonhomie. Un paysan emploie peut-être plus de sagacité dans l'achat d'une pièce de bétail, qu'un courtier de commerce dans la conclusion d'un marché de bourse, et développe plus de ressources et d'intrigues dans la vente d'un morceau de terre, que le plus habile diplomate dans un congrès où il s'agit de la destinée de l'Europe. Toutefois, il est loin d'être arrivé à ce degré d'ironie et de scepticisme qui s'attaquent à toutes les choses saintes, et qu'une éducation incomplète a développé dans les classes infimes de l'industrie. La flamme de l'esprit religieux n'est pas éteinte dans tous les cœurs. Hommes et femmes, tous les habitants de la campagne ont conservé cette naïveté de croyance, cette foi de la tradition, qui jettent tant de poésie sur la vie. Il est inoui que jamais un paysan ait lié ses bœufs sous le joug le dimanche ou un jour férié par l'église; il connaît mille exemples terribles de la colère divine contre ceux qui ne sanctifient pas les jours de fête. Dans ces solennités, vous voyez nos campagnards endimanchés venir dans les églises, s'agenouiller sur les dalles usées par les pas de leurs pères, et rouler dévotement les gros grains d'un chapelet dans leurs mains calleuses. Mais une fois sortis des nefs chrétiennes, ils redeviennent des hommes d'affaires. Ils s'assemblent devant le porche de l'église, à l'ombre de quelque tilleul ou d'un de ces énormes marronniers plantés par les ordres de Sully, et ils traitent de leurs intérêts avec l'adresse qui les caractérise, et souvent aussi avec une mauvaise foi, une méfiance, qui leur servent comme de bouclier contre l'expérience et le savoir-faire du maître. Si toutes les transactions et tous les marchés se débattent sur la place publique, ils se terminent tous au cabaret, le verre à la main. Dans un pays où le vin abonde et se donne presque pour rien, boire est le seul plaisir que se donnent les classes pauvres. Le vin est toute leur joie et toute leur consolation. Ne leur reprochons pas trop amèrement l'abus qu'ils en font.

L'HUMEUR MILITAIRE.

Dans les campagnes, les hommes les plus actifs et les plus laborieux sont ceux qui ont subi les rudes épreuves de la guerre. Ils ont apporté sous leur humble toit quelques symptômes d'une dépravation qui a, il est vrai, modifié un peu les habitudes indolentes et le caractère impassible de notre population. Parcourez les champs, et vous rencontrerez, appuyé sur une charrue, quelque grand garçon, coiffé d'un bonnet de police, et habillé avec un pantalon qui montre encore le passe-poil écarlate du grenadier. C'est un jeune paysan revenu du service, et gradé dans la garde nationale de sa commune.

En traversant les villages, vous apercevez, debout, su le seuil d'une forge, un maréchal-ferrant, tel que l crayon spirituel de Charlet et d'Horace Vernet l'a créé en pantalon rouge fané et doublé de cuir. Il porte un moustache grise, et à son bonnet de police, le numér d'un de ces braves régiments de cavalerie qui son l'honneur de la France. Enfin, sur ses bras robustes e nus, une aigle de l'empire s'unit au bonnet de la libert et à un chiffre de maîtresse, gravés en traits ineffaçables avec la poudre d'une cartouche. Ce sont là les ins tructeurs militaires de la jeunesse, au sortir de la mess du dimanche.

Il semblerait, au premier abord, que l'humeur guerrière fût peu développée dans nos campagnes. En effet, dès que l'époque du tirage arrive pour un conscrit, toute la famille est désolée et fond en larmes à l'idée que le jeune gars peut *aller au service*. Il semble que ce soit un homme perdu à jamais. Les tristes souvenirs de l'empire n'ont pu être effacés par nos vingt-cinq années de paix. Aux yeux de ces braves gens, qui dit soldat, dit un homme destiné à une mort inévitable. Cependant, après le premier chagrin passé, le conscrit se fait à sa nouvelle existence et devient un bon soldat. Au premier cri d'alarme, ces campagnards quitteraient, j'en suis sûr, leur toit sans pleurer, ne déserteraient pas, et manieraient le fusil d'une main adroite et vigoureuse. Les enfants, eux-mêmes, parodient souvent l'exercice et le combat, et se livrent à ces jeux, présages de luttes plus sérieuses, avec une ardeur pareille à celle qui animait leurs pères à l'époque de l'invasion.

L'Avocat de Campagne.

L'AVOCAT DE CAMPAGNE.

Si le paysan bourbonnais a l'humeur militaire, il a aussi, à un très haut degré, l'humeur processive. On trouve chez lui et cet instinct de la propriété, qui épie la moindre offense, et les rigueurs du voisinage, et l'aridité de la possession, et les tentatives de l'empiétement. De là, force contestations pour une haie indûment tondue, pour une brebis égarée, pour quelques pouces de terrain envahis par la charrue. Sur ces entrefaites, l'avocat de campagne arrive, calme et patelin, au premier moment, alors qu'on pensait se serrer la main, et le différent se termineau cabaret, entre deux bouteilles de vin. Il se présente officieux, pour tout arranger à l'amiable; et grace à sa science de conciliation, la question s'embrouille, la dispute s'aigrit, et de ces germes réchauffés, un bon et bien conditionné petit procès naît viable et à terme. Quand le démon de la chicane a été évoqué par le grimoire timbré d'une assignation à comparaître, oh! alors, il ne laisse plus aucun relâche aux épaisses et tenaces cervelles des plaideurs ; il y souffle l'esprit d'entêtement, jusqu'à ce que le grand œuvre soit consommé, c'est-à-dire l'héritage en litige évaporé en frais.

L'avocat de campagne s'enrichit rarement de la ruine de ses clients. C'est d'ordinaire un homme qui s'occupe des affaires par passion, et de celles des autres à défaut des siennes; un homme réduit au malheur de n'avoir plus de procès pour son propre compte. Il lui reste, de

la fortune de ses pères, un masure féodale, au pigeon-
nier croulant, au pignon lézardé, dont le toit, chargé
mousse, laisse ruisseler la pluie dans ses greniers vide
un maigre petit cheval vivote dans une écurie délabré
devant son ratelier dégarni. C'est là que l'on vient co
sulter l'oracle de la justice, muet d'habitude si l'on
se le rend favorable par quelque offrande; aussi, s
vieille servante, grondeuse, paraît-elle sur le seuil pou

recevoir le plaideur, et calcule sur sa mine le taux d
son droit d'entrée. Tantôt une douzaine d'œufs tombe
doucement dans le tablier de la ménagère; tantôt un
couple de canards, extrait d'une pesante besace, va

crier et barboter dans la fange de la basse-cour. Assis gravement sous le manteau de sa large cheminée, le jurisconsulte, coiffé d'un sale bonnet noir, met ses lunettes et ouvre les cinq Codes de l'empire, qui forment toute sa bibliothèque. C'est son bréviaire à lui, toujours placé sur la poudreuse cheminée, avec les dossiers jaunis, qui renferment ses richesses passées et ses espérances évanouies.

Le jour d'audience du juge de paix, l'avocat enfourchant sa chétive monture, arrive au chef-lieu du canton et va descendre au cabaret; entouré de la foule inquiète des plaideurs, qui se tient respecteuse et chapeau bas, il cherche des yeux celui auquel il doit prêter le secours de son éloquence, et lui dit négligemment : « Si nous prenions un verre vin? » — Le couvert est mis; le paysan fait des façons pour s'asseoir; mais l'avocat l'exige avec une impérieuse dignité. Si le client est riche et généreux, si l'affaire est épineuse et embrouillée, il est difficile, et commande en maître; il renvoie le vin qui lui semble aigre; il fait servir une tanche frite, la goûte d'une dent dédaigneuse, et la laisse pour un civet de lièvre. Mais le client est-il un pauvre client nécessiteux? l'avocat, plus accommodant que le rat du vieil Horace, s'asseoit avec son homme à une table sans nappe, et mange un modeste morceau de fromage en buvant chopine. Là se posent les questions, là se développent les arguments que l'on doit faire valoir à l'audience, les ressources que l'on a trouvées pour obtenir un délai, ou éluder une exception. Le paysan écoute, les yeux ouverts, la bouche béante, son grand chapeau rond pendant en arrière, et son bâton entre les jambes. Après s'être épuisé en paroles creuses et vides, l'orateur se lève de table, et fend, pour sortir, la presse des consultants qui le suivent comme les clients d'un praticien romain. Ces braves gens s'attachent à ses pas et épient ses paroles, eux qui jugent de la bonté d'une cause sur le nombre de mots que l'avocat emploie pour la défendre! Le pauvre plaideur reste et paie : renouant les liens de cuir de la bourse amoindrie, il va attendre les résultats de l'éloquence de son patron, tristes résultats qui sont presque toujours la ruine des parties!

LE SORCIER.

Ce n'est pas la seule circonstance dans laquelle l'ignorance de nos paysans les expose à être dupés ou pillés, ils ont la plus grande confiance dans le savoir et les procédés mystérieux des sorciers. Ceux-ci sont de pauvres gens de campagne qui passent pour s'être rendus à minuit au carrefour de quatre chemins, y avoir évoqué le diable, en faisant chanter une poule noire, et s'être donnés à lui corps et ame. Le plus souvent, le diable se présente sous la forme d'un bélier noir qui opère toujours quelque prodige. Les joueurs de musette, artisans des plaisirs mondains, dont l'existence s'écoule dans les fêtes et les débauches continuelles, ont la réputation d'être les plus fidèles acolites du malin. Il est peu de personnes courant les campagnes, qui n'aient été témoins d'un sortilége opéré sur une cornemuse qui joue toute seule, dans un coffre fermé. Il est clair, dans ce cas, que c'est Satan qui enfle le bourdon.

Le pouvoir du sorcier de village ne se borne pas à *charmer* les fusils des chasseurs qui manquent leur but, tant que le sort qui pèse sur eux n'est pas levé ; à empêcher les poules de pondre, à *biner* le lait du voisin, c'est-à-dire, à le faire passer dans les mamelles de sa vache à soi. Le sorcier qui sait profiter de sa réputation, changer la haine en crainte, et exploiter la crédulité de nos paysans, ne gagne pas moins d'argent que l'avocat de campagne. Le feu prend-il à une cheminée, on l'appelle, on le laisse réciter gravement ses charmes, avant de jeter sur le foyer de l'incendie un seul seau d'eau. Il donne aux jeunes filles le moyen de voir leur future en mettant sous leur chevet une feuille de laurier, un cheveu et un miroir, et en faisant le signe de la croix de la main gauche. Il fournit aussi au conscrit le secret de tirer un bon numéro de l'urne fatale. Quelques-unes des spéculations de ces faux campagnards ont acquis la publicité des tribunaux ; et les juges, eux, qui ne croient pas aux sciences occultes, leur ont appliqué certains articles du Code pénal, qui traitent leur grand-œuvre d'escroquerie.

LE GOUGNEUR.

Si encore ces illuminés ne travaillaient que les faiblesses d'esprit, il n'y aurait que moitié mal ; l'esprit se plaît à être abusé, et l'ignorance mérite une punition, mais ils s'avisent de traiter aussi les infirmités du corps humain. Le médecin n'a pas de rivaux plus dangereux ; Aussi l'art de guérir rencontre-t-il à chaque pas des obstacles insurmontables. Le médecin recommande la diète, par exemple. Dès qu'il a le dos tourné, les parents voyant le malade faible, s'imaginent que c'est parce qu'il ne mange pas, et ils lui font avaler un énorme plat de soupe, et par là-dessus quelques verres de vin chaud. L'état du patient empire, et le médecin est tout étonné du fâcheux résultat de sa médication. Il est rare aussi que l'on comprenne bien ses prescriptions. Je sais un praticien de campagne qui alla voir un pauvre fiévreux. Il écrit une longue ordonnance sur une grande feuille de papier, et dit en partant à la femme : « Tenez, voici ce qu'il faut lui faire prendre. » Il revient, et ne trouve pas de mieux. — « Mais du moins, dit-il, lui avez-vous donné ce que je vous ai dit ? — Oh ! parbleu, oui, M. le docteur! il a tout pris par petits morceaux. — Comment ? quoi, par petits morceaux ? — Eh ! oui, le papier que vous m'avez donné, il n'en a pas laissé le plus petit brin. —Dieu ! que vous êtes bête ! » ne put s'empêcher de crier le médecin, et il eut toutes les peines du monde à lui fourrer dans la tête que ce n'était pas le papier qu'il fallait administrer au malade, mais bien les médicaments indiqués sur ce papier. — Jugez maintenant de quelle manière les malades sont soignés ! D'ailleurs, ce n'est guère qu'après avoir employé en vain les charmes du sorcier, ses contorsions et quelquefois ses drogues, qu'on a recours à un traitement moins expéditif, ou aux opérations dictées par la science. Vous trouverez dans nos campagnes le *gougneur*, qu'on appelle encore le *rebouteur*, une espèce de fourbe qui fait métier de raccommoder les estomacs souffrants et les membres malades. Il compose certains breuvages qui emportent la bouche, pratique des cérémonies bizarres, et une plante de sauge à la main, fait divers signes cabalis-

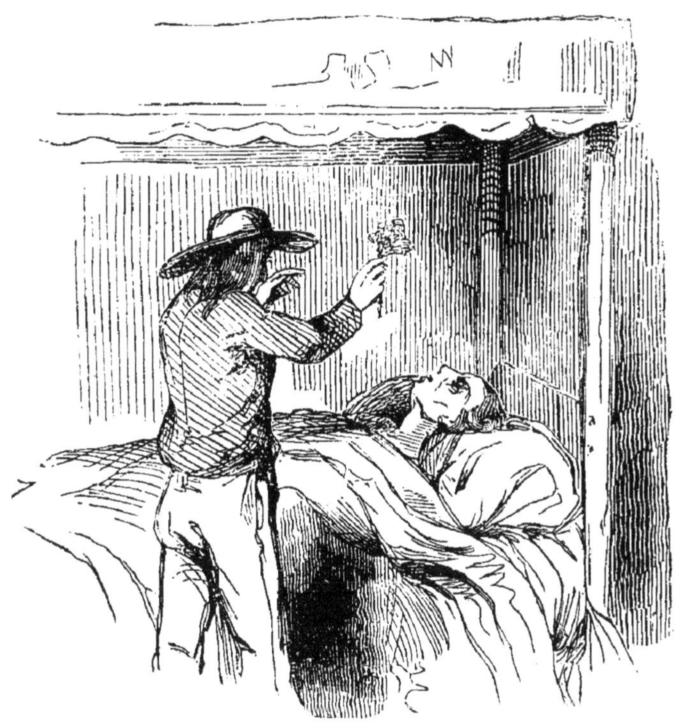

tiques autour du malade. Il *lève le sort*, combat l'influence du malin esprit. Le gougneur est toujours un effronté coquin qui ne fait que du mal, et sur lequel l'autorité devrait avoir toujours les yeux, dans l'intérêt des pauvres paysans dont il exploite la crédulité et la confiance.

Le sorcier exerce son métier le plus souvent sur les animaux, ces pauvres malades, qui ne se plaignent pas de leur médecin, comme dit Beaumarchais. Le paysan, qui épargne moins les soins pour le bœuf souffrant, que pour sa femme, court chez le sorcier ; on porte des lumières dans l'étable, les animaux mugissent, le sorcier s'agite et récite son grimoire.... et le bœuf crève. L'homme de science trouve toujours le moyen d'accuser celui qui paie d'avoir fait manquer ses charmes. Voici encore un exemple des remèdes que débite le charlatanisme de nos gougneurs, pour guérir les avives des chevaux : J'ai entendu prononcer les paroles que je cite : *Avives qui êtes vives, je vous prie et je vous supplie que vous vous retiriez de dessus ma bête, ainsi que fit le grand diable d'enfer, au vendredi béni avant l'eau bénite.* Le sorcier qui disait ces paroles, était un gros homme, à figure d'ivrogne, chauve, aux yeux gris et perçants. Il avait mis d'énormes lunettes sur son nez, et tenait un vieux volume in-folio d'anatomie rempli de planches gravées. Il en tournait rapidement les feuillets, feignant de lire à rebours, et frappant dessus avec force. Tous ces sorciers sont de parfaits charlatans qui ne négligent aucun moyen d'en imposer au vulgaire. L'esprit-fort du village redoute leur influence, et nierait plutôt la puissance divine que leur pouvoir. Enfant, il a sucé, pour ainsi dire, ses croyances avec le lait de sa mère ; et plus tard, les réalités de la vie ne peuvent déraciner les préjugés dont on a bercé son imagination, alors qu'elle était avide de merveilleux.

Mais il n'y a pas que le sorcier qui soit en possession de fournir des médicaments aux paysans ; il y a encore le *colporteur*. Je ne parle pas de ces jeunes Savoyards qui, un panier de livres sur le dos, et un car-

ton sous le bras, parcourent nos villes et nos bourgs, et paient le gite qu'on leur donne dans les fermes, avec quelque grande image représentant, le plus souvent, le *Juif errant*, *Napoléon* ou la *Sainte Vierge*. Il s'agit des *Dauphinés* ou des *habits-verts*, comme on les appelle encore, à cause de l'uniformité de leur costume. Ce sont des habitants du bourg d'Oisans qui quittent, sur la fin de l'été, leurs vallées, et passent l'hiver dans le Bourbonnais. Ils se composent, à Moulins, une cargaison de divers objets de mercerie, de bonneterie, de rouennerie et de droguerie, et mettent tout celà dans une banne d'osier qu'ils portent sur le dos; ils parcourent nos campagnes avec cette cargaison, et en font un petit commerce dans les villages. La nuit, ils couchent dans le foin des granges. Ils ont toujours, pour dormir, un grand sac dans lequel ils se mettent, et qu'ils se nouent autour du cou. Ils vendent de l'éther, de l'amoniaque et de la thériaque. Ils se font préparer par les pharmaciens de Moulins une espèce de pâte composée d'une foule de plantes aromatiques, et qui est très recherchée des habitants de la campagne. Ceux-ci la mélangent avec du vin blanc et de l'eau de vie, et la conservent dans un pot. Le jour de Noël, au coup de minuit, le paysan va à son étable, et barbouille avec cette drogue le museau de ses bœufs, pour leur donner de la force, et celui de ses vaches, pour leur donner du lait. Quand une de ses bêtes est malade, il lui en fait avaler. C'est un remède bon pour toute sorte de maladies. Enfin, l'habit-vert vend encore du mercure à l'état métallique, et voici comment on l'emploie : on l'introduit dans la corne des bœufs, sous prétexte de leur donner de l'ardeur au travail. En effet, le pauvre animal, dès qu'il se remue, sent un liquide fort lourd qui semble s'agiter dans son cerveau. Il mugit et s'impatiente; il court plutôt qu'il ne marche. C'est là un acte de stupide cruauté. Je ne comprends pas comment on tolère ces colporteurs dans le pays, comment on laisse errer ces dangereux vagabonds qui se livrent à un commerce illicite, et qui ne sont, après tout, que des faiseurs de dupes.

LES FANTOMES.

Pour montrer jusqu'à quel point nos paysans sont crédules et ignorants, je vais raconter quelques-uns de leurs préjugés et quelques-unes de leurs superstitions, Un enfant n'éprouve pas plus de frayeur qu'eux, en entendant raconter des histoires de spectres et de revenants. Telle est la débilité de leur imagination, qu'ils ont cru voir des fantômes soulever la pierre des tombeaux, qu'ils ont entendu dans une maison maudite une ame en peine revenir toutes les nuits, avec un grand bruit de chaînes, pour demander des prières et des pénitences. Toutes les nuits pour eux sont peuplées de terribles esprits qui viennent à une certaine heure faire un épouvantable vacarme. Dans les bois, la *chasse Gayère* traverse, invisible, les espaces de l'air, courbant la cime des arbres. Les chiens aboient, les chats miaulent, les chevaux hennissent au milieu des détonations d'armes à feu. C'est le diable qui poursuit avec sa meute les ames des mourants.

LES LOUPS-GAROUS ET LE FOLLET.

Tantôt, ce sont les *loups-garous*, prenant à minuit la forme humaine, et conduisant à travers les campagne des compagnies hurlantes de loups, qui s'attachent à la poursuite des voyageurs, et les dévorent, s'ils ont le malheur de tomber. Tantôt, c'est le *follet*, espèce de démon familier qui vient panser les chevaux dans les écuries. Il a des chevaux qu'il aime, et des chevaux dont il a juré la perte. Ceux qu'il a pris en haine, périssent malgré les soins du domestique de ferme ; c'est en vain que celui-ci garnit leur ratelier d'excellent foin, ils maigrissent à vue d'œil. Un matin, on les trouve percés de coups de fourches, et étendus sans mouvement et sans vie sur leur litière souillée. Quant aux autres, ils sont toujours gras et luisants. Le follet les nourrit, les brosse, leur noue les crins de mille manières. Pour eux, il vole le foin dans les greniers, et force les coffres dans lesquels on enserre l'avoine. Au matin, le follet part en faisant claquer son fouet dans les airs. Je dois ajouter que si l'on s'approche de lui pendant qu'il est en fonction, et qu'on le dérange, il se change en flamme et dévore les curieux mal avisés.

Le follet ou *boule-feu* est une flamme trompeuse, qu'on aperçoit le soir dans les marais, et qui vous attend dans des précipices. Si l'on veut bien me permettre de me donner l'apparence d'être un petit peu savant, je dirai qu'en effet on aperçoit, dans les fortes chaleurs de l'été, des flammes qui semblent voltiger sur les marais et dans les cimetières. C'est tout simplement un produit de la décomposition de diverses matières animales et végétales, produit que les chimistes appellent de l'hydrogène phosphoré, et qui a la propriété, dès qu'il est formé, de s'enflammer spontanément, et de brûler à l'air libre. Pour ma part, je n'ai jamais été témoin de ce phénomène. Une fois, cependant, j'ai cru voir le follet.

LE VEAU BOITEUX DE CHAMPFORT.

C'était au mois de septembre. La journée avait été orageuse. Le soir pourtant la pluie avait cessé de tomber. J'étais allé à Champfort, près de Bourbon, visiter mon ami Adolphe. Quand je revins, l'atmosphère était embrasée, de larges nappes de feu brillaient de temps en temps à l'horizon. Le vent était très fort ; il courait sur les prés, courbait les colchiques d'automne, que nos paysans appellent des *veilleuses*, et ébranlait les arbrisseaux qui bordent le chemin raviné. Les arbres s'inclinaient devant nous, et semblaient nous saluer, comme de vieux amis qui nous auraient vus tout petits enfants, et qui nous reconnaissaient encore maintenant que nous sommes dans la force de l'âge. Nous cheminions à travers les prés et les champs, mon ami Adolphe et moi, jetant un regard de tristesse sur les jours de notre jeunesse, si remplie de moments heureux, et devisant déjà de l'avenir. — Tout-à-coup, au bas de la prairie, nous apparaît une flamme qui court terre à terre. C'est un *boute-feu*, un *météore!* s'écrie Adolphe. Je suis enchanté; j'avais entendu parler si souvent du feu-follet, cet esprit malfaiteur, qui, comme un fanal de l'enfer, éclaire le voyageur égaré, et l'entraîne à sa suite et cause sa mort ; que j'étais curieux de voir de près, de toucher, d'examiner cette étrange flamme qui jette encore dans l'épouvante l'ame de nos campagnards.—Mais voici la lumière qui recule ; nous alors de sauter les haies, d'escalader les *échayers*, de franchir les fossés, de piétiner dans les marais. La flamme, comme un fantôme capricieux et insaisissable, se montrait tantôt à une extrémité du champ, tantôt à l'autre. On aurait pu croire qu'elle prenait un malin plaisir à se jouer de notre curiosité. Enfin, après bien des marches et des contremarches, elle s'avançe, plus grande et plus éclatante, droit sur nous. Pour le coup, le feu météorique me semble devoir être une bonne et vraie lumière, un feu capable d'embraser le pays entier.—«Si c'est là le follet, dis-je à mon compagnon, il doît brûler, et je crois que je le laisserai passer sans le toucher».—«Non pas, je le toucherai, dit l'ami Adolphe. » — La flamme avançait toujours. — « Parbleu ! m'écriai-je, notre follet n'est que le feu d'une lanterne»!—«Impossible! A cette heure, qui peut se promener ainsi dans les prés, à moins que les voleurs ne portent maintenant de grands fallots pour faire leurs exploits. » — Nous marchons alors bravement sur la lumière, et la lumière recule et nous crie : — Qui vive ! — d'une voix peu rassurée. — Nous continuons d'avancer, et nous apercevons enfin, la baïonnette croisée, c'est-à-dire la fourche à la main, un homme qui portait une lanterne. Quand il eut entrevu nos figures, il nous reconnut, et sa frayeur se dissipa. Nous l'avions pris pour un feu-follet, et lui nous avait pris pour des larrons.

Il ne concevait point d'ailleurs qui pouvait ainsi courir la nuit, loin de la route, à travers les champs, et encore moins qu'on pût s'amuser à poursuivre le follet. — Pour lui, il avait perdu dans les prés un *veau boîteux* et il le cherchait avec une lanterne! — Mettez des paysans à la place de mon ami Adolphe et de moi, et tout le pays aurait su que ce jour-là on avait vu l'ame d'un défunt errer dans les prés de Champfort, et personne n'eût douté que la chose ne fût vraie.

LES FÉES.

Les fées jouent aussi un rôle important dans les croyances populaires. Tour à tour êtres bienfaisants ou agents de malheurs, elles ont dans l'année des jours où elles font leurs exploits. Le premier mai est, dit-on, une époque de désastre. Les fées *rousinent,* c'est-à-dire qu'elles vont se promenant dans les prés et emportant la rosée des plantes avec leur robe flottante. Les vaches qui mangent l'herbe de ces prés ne donnent plus qu'un lait bleu et sans crême. Les fées soufflent, en passant, sur les vignes et sur les champs ; les vignes alors gèlent, et leurs feuilles tombent, jaunies avant le temps, et les blés n'apportent plus qu'un épi maigre et vide. Comme elles craignent le bruit et le feu, on a un moyen de les éloigner jusqu'à minuit ; cette heure passée, on n'a plus rien à craindre, car elles sont allées trouver le diable avec tous les individus qui lui ont vendu leur ame.

Tous les ans, nous voyons dans nos campagnes se renouveler les scènes qui ont pour objet de préserver les prairies et les maisons de l'approche des méchantes fées. Voyez là-bas, au milieu de la clairière, sous un chêne centenaire qui étend ses branches immenses au dessus d'une antique chapelle ruinée, une cinquante de paysans. Ils sont assis sur les racines mousseuses de l'arbre et sur des blocs de pierre, et groupés auteur d'un feu entretenu avec des bruyères et des genêts secs. Ils poussent de temps à autre des cris aigus, tandis que les jeunes garçons et les jeunes filles, couvertes de leur cape bleue, dansent en rond, animant la flamme par leurs mouvements, et faisant jaillir des myriades d'étincelles. Non loin de là, les chasseurs chargent leurs fusils à deux coups, dépendus pour ce jour du manteau de la cheminée, et des enfants en faisant rouler une voiture de campagne dont une perche entrave les roues, produisent, en frappant sur chaque rayon, un bruit analogue à celui d'un moulin, mais cent fois plus étourdissant.

Les coups de fusil, le tapage et les danses durent jusqu'au moment où la lune parvenue au milieu de sa course, annonce aux paysans qu'il est minuit et que les fées sont au sabbat. Alors il y a un mouvement général dans la troupe : on allume au foyer de longues brandes de paille pour guider ceux qui ont à suivre des sentiers obscurs et difficiles ; on se met alors en route pour rentrer chez soi. Sur tous les points retentissent les chants aigres et monotones des villageois ; leurs *brandes* brillent de temps en temps au dessus des buissons ou disparaissent sous des massifs de verdure. Bientôt toute la campagne est illuminée. De grandes ombres se dessinent dans les champs. En présence de ce spectacle et au milieu de ce tumulte, vous croyez entendre, dans chaque frémissement du vent à travers le feuillage, les fées passer au dessus des arbres, et voir leur blanche robe dans chaque reflet de la lune qui dort sur les eaux tranquilles du ruisseau.

LES BRANDONS.

L'aspect que nos campagnes présentent la nuit du premier mai est à peu près la même que le soir du premier dimanche de Carême. C'est le dimanche des *Brandons*. Les paysans allument des brandes de paille, et en promènent la flamme autour des arbres fruitiers. On conçoit que cette coutume ait son but utile, elle tend, en effet, à détruire les chenilles, ce fléau des cultivateurs On fait de cette affaire une partie de plaisir, et l'on mange à souper, c'est de rigueur, des beignets, ou mieux des *sanciaux*, gâteaux de cette pâte ferme que l'on fait cuire dans la poële, et qui ressemblent beaucoup à ce qu'on appelle ailleurs des *crêpes*. Il va sans dire qu'on assaisonne ce mets en buvant de nombreuses rasades de plusieurs bouteilles de bon vin.

Tout ce que je viens de raconter peut donner une idée et de l'ignorance et de la crédulité de nos campagnards; pourtant, que de détails n'ai-je pas négligés! Je pouvais rapporter encore, par exemple, que, quand une personne meurt dans une maison, on vide l'eau de tous les vases, de crainte que l'ame du défunt n'aille s'y noyer; que le jour de Noël les bœufs ont le don de prophétie, et qui pis est, parlent le langage humain, et appellent par leur nom les individus qui doivent mourir dans le courant de l'année. Mais ce que j'ai rapporté suffit sans doute, d'autant plus que je ne serai pas fâché, pour finir, de parler de quelques coutumes, et de faire connaître quelques cérémonies particulières au Bourbonnais.

LA BOURRÉE.

Commençons par la danse. Voilà quelque chose de national, la bourrée! La musette se fait entendre, quelquefois aussi c'est la vielle. Aussitôt les garçons et les filles se rangent sur deux longues lignes parallèles, face à face et les bras pendants, comme une recrue à son

La Bourrée Bourbonnaise.

premier service. A un certain signal, les filles se laissent prendre les mains et embrasser sur les deux joues, avec une flegme qui ressemble à la résignation. Après cette indispensable cérémonie, la partie s'engage, la colonne s'ébranle : elle est en mouvement ! La ligne des filles s'avance en mesure, et la ligne des garçons se retire de même ; puis la première recule à son tour, et la seconde vient en avant ; puis les uns vont à droite, les autres à gauche, mais dans un sens opposé ; voici qu'on est dos à dos, mais l'on se retrouve bien vite de front pour recommencer l'allée et la venue, et ainsi de suite. Dans la mêlée, que de pieds lourdement foulés ! que de torses qui perdent leur équilibre, ébranlés par le choc ! que de coîffures enfin dont l'édifice chancèle ! Mais rien n'arrête, ni la douleur, ni la fatigue ; il faut aller, et l'on va tant que le cornemusier a de souffle pour enfler sa musette. Il y aurait honte à lâcher pied dans cette action où la victoire reste aux deux partis. Ce n'est pas ici la bourrée dont s'émerveillait Mme de Sévigné à Vichy. — « C'est la plus surprenante chose du monde, écrivait-elle à sa fille ; des paysans, des paysannes, une oreillle aussi juste que vous, une légèreté, une disposition ! enfin, j'en suis folle ; je donne tous les soirs un violon et un tambour de basque, à très petits frais ; et dans ces prés et ces jolis bocages, c'est une joie que de voir danser les restes des bergers et des bergères du Lignon. » On ne peut dire cela de la bourrée dans le centre du Bourbonnais. Elle a quelque chose de froid et de monotone, et elle est plutôt empreinte d'une douce mélancolie que d'une vive gaîté. Ses cadences lentes et simples sont d'ailleurs en harmonie parfaite avec le tempérament des habitants de nos campagnes. Cette danse, qui manque d'énergie, ne ressemble en rien à celle que l'on voit dans les montagnes d'Auvergne. Chez nos voisins, la bourrée a de la vivacité et de l'entrain : chez eux tout suit la mesure, la tête, les bras et les jambes ; on se regarde de côté, on frappe du pied, on bat des mains. Leur bourrée rappelle par ses mouvements gracieux les danses de caractère du dixhuitième siècle. Dans nos bourrées c'est à peine si la bouche ose sourire. Les yeux sont timidement baissés vers la terre, et les bras tombent languissamment. On ne se parle point ; on ne se regarde pas ; car souvent le garçon n'est guères plus hardi que son vis-à-vis ; c'est à peine s'il lui laisse voir sa figure hâlée, cachée qu'elle est sous son chapeau à larges bords. Je dois dire pourtant qu'il y a dans la bourrée bourbonnaise une décence et une espèce de gravité que je n'ai retrouvées dans les danses d'aucun autre pays.

LA VALSE.

Nos paysans valsent aussi. Tout le monde, à vrai dire, ne sait pas valser, tandis qu'il n'est personne qui ne connaisse la mesure de la bourrée. Les petites filles et les jeunes garçons, pendant que leurs chèvres broutent le feuillage des haies ou que leurs moutons paissent dans la plaine, apprennent la danse nationale, les pieds nus sur le gazon des prés. Quant à la valse, nos paysans y déploient des graces fort plaisantes et des prétentions

parfaitement comiques. La tête et le corps tournent l'un après l'autre avec des saccades d'une singulière vivacité. On se tient de près. Le cavalier serre la taille de sa dame dans ses deux bras, et la dame appuie ses deux mains sur les épaules de son cavalier. De cette manière on ne bronche pas, on pivote sur soi-même et l'on fait une foule de tours. Je n'ai pas besoin de dire que nos paysans ne se font pas faire des chaussures tout exprès pour leurs bals. Ils dansent aussi souvent en gros sabots qu'en souliers. Ils n'y perdent rien en courage et en légèreté. Il ne se passe pas de fêtes, de dimanches, de foires, d'apports ni de noces où la danse ne soit à l'ordre du jour.

LA FOIRE.

Parlons un peu maintenant des assemblées bourbonnaises. Toutes les villes et un grand nombre de bourgs ont une ou plusieurs foires dans l'année. C'est là le rendez-vous de tous les habitants des environs, citadins, propriétaires et campagnards. Les marchands forains arrivent, dressent leurs tentes sur la place publique, et y étalent leurs marchandises. — Les bestiaux sont au *plan*. Là, il y a une place pour les chevaux, pour les porcs, pour les bêtes à cornes, et un parc pour les moutons. Le jour de foire les auberges regorgent. Les affaires se font en plein vent, mais se terminent au cabaret. Tout le jour c'est une cohue, un mouvement, un tumulte dont on ne peut se faire une idée. Là c'est le vacarme que fait la musique presque militaire d'un charlatan, ici ce sont les chants en psalmodie des marchands de cantiques et de croix de saint Hubert qui ont la vertu d'éloigner les chiens enragés : ailleurs c'est le bruit des voitures et des cavaliers qui écrasent la foule, ce sont partout des cris, des jurements à faire frémir le ciel. Ajoutez à cela le mugissement des taureaux, les aboiements des chiens sur tous les tons, et les chants, si l'on peut se servir de ce mot, des poules et des oies qui se tourmentent dans les paniers où elles sont renfermées. Si l'on va à la foire pour ses affaires, on y va aussi par distraction, par habitude et par curiosité.

Le soir, vous remontez les grandes routes et les

chemins de traverse couverts de toutes sortes de voyageurs. Voilà un bourgeois plié dans son manteau, trottant sur son cheval ; voici un pauvre paysan accroupi sur sa maigre haridelle, et lui labourant le flanc de son unique éperon, attaché à l'un de ses sabots. Puis, c'est un fermier portant sa chère moitié en croupe, ou une femme enfourchant habilement sa monture. Tantôt c'est un berger qui conduit un troupeau de moutons marqués sur le dos d'une croix rouge, ou bleue, ou jaune ; tantôt, un pauvre diable qu'entraîne un cochon au gré

de ses caprices ; tantôt, un malheureux garçon de

ferme qui tire de toutes ses forces par les cornes une

vache rébarbative et entêtée qui refuse d'avancer; plus loin, c'est un groupe réuni de jeunes filles qui regagnent, en chantant, la métairie. On a si bien mangé et si bien bu, que tout le monde est gai, comme si tout le monde avait fait d'excellents marchés.

L'APPORT.

Les fêtes du village précèdent souvent le jour de la foire et sont célébrées avec beaucoup d'entrain, je dirais même avec beaucoup de luxe. On arrive à l'*apport*, par bandes, de tous les bourgs et de tous les hameaux des alentours. Après l'office religieux qu'on célèbre en l'honneur du saint de l'endroit, la joie secoue ses grelots sur tout ce peuple. Souvent il n'y a que quelques auberges, et elles sont insuffisantes pour recevoir la foule. Alors des tentes décorées de feuillage et d'une branche de houx, d'heureux présage, s'élèvent en plein air. Quelques planches, disposées sur des tonneaux, forment de longues tables. Ce sont là les *amayets*. L'entrée de chaque tente est flanquée d'une pièce de vin rouge et d'une pièce de vin blanc. L'art culinaire n'a de secret pour personne; car la cuisine est en plein vent. Elle rappelle l'abondance fabuleuse des noces de Gamache. Les ragoûts cuisent dans d'immenses casserolles, et vous voyez tourner, devant un grand brasier, une longue broche garnie d'une énorme quantité d'oies, de dindes, de poulets et de pièces de veau et de mouton, dont la couleur dorée et le parfum saisissant auraient affamé les héros les plus difficiles d'Homère. Pendant

que les anciens font, sous ces fragiles abris, des libations et des repas sans fin, accompagnés de verres qui s'entrechoquent et de refrains populaires, les jeunes gens se livrent au plaisir de la danse avec une infatigable ardeur. Un poinçon sert de trône au ménétrier qui préside, armé de la cornemuse et de la vielle, aux réjouissances de la jeunesse. Ordinairement il ne sait guère jouer que quelques valses et quelques bourrées, dont les mesures tour à tour vives et languissantes rappellent les chants prolongés, ces ranz agrestes, que les paysans, assis sur leurs charettes massives, aux longs

essieus, font entendre le soir, en s'enfonçant dans la

boue des chemins vicinaux, pour regagner leur humble logis.

Après la danse vient le repas. La table est chargée d'un fort petit nombre de mets ; aussi les plats sont-ils si copieusement servis, qu'ils résisteraient à un appétit pantagruélique. La nuit vient, qu'on n'a pas encore vidé la dernière bouteille, et pourtant, les domaines sont éloignés, et les traverses mauvaises et impraticables. Enfin, on se met en route. Il y a toujours dans chaque bande quelque individu dont la tête est troublée par les fumées du vin, et qui laisse se fléchir sous lui ses jambes affaiblies. Ceux-là on les abannonne sans pitié au revers d'un fossé, le long d'une haie. Le lendemain de la fête, tout le monde a oublié les plaisirs de la veille. On se remet à l'ouvrage, et l'on recommence, sans plaintes comme sans regrets, une vie de dures fatigues et de longues privations.

LA NOCE.

Les noces se compliquent d'une foule de cérémonies assez curieuses que je dois faire connaître. Quand un garçon se décide à aller demander une fille en mariage. il lui a serré la main d'une manière significative dans quelque bal champêtre, et il a de bonnes raisons (honni soit qui mal en pense !) pour penser qu'il n'est pas refusé par la jeune fille. Mais il y a les grands parents dont il faut obtenir le consentement. Il se rend donc chez eux, à la veillée, accompagné d'un introducteur officieux, auquel on a donné le nom énergique de *Gour-*

laud, personnage distingué par le bouquet de sauge qu'il porte à la boutonnière. A leur arrivée, on met la poèle sur le feu. Si c'est pour faire une omelette, c'est un signe presque certain du peu de succès de leur démarche ; si au contraire, on fait des beignets, et surtout si l'on fait tenir un instant au galant la queue de la poèle, la demande est accueillie ; il peut se regarder comme de la maison. Les accords sont bientôt terminés ; de bons bras et du courage sont la fortune du marié. Un lit, un armoire, une table, de la jeunesse et de la santé composent la dot de l'épouse. C'est assez.

Dès la veille du jour des noces, les jeunes gens, le cornemusier en tête, conduisent le futur pour porter les cadeaux, et chercher la chemise que doit lui donner sa fiancée. Arrivés à la maison, ils trouvent la porte fermée ; on frappe avec le bourdon de la musette, en chantant en chœur :

Ouvrez, ouvrez la porte,
Françoise, ma mignone,
De beaux cadeaux à vous présenter.
Hélas ! ma mie, laissez-nous entrer.

Les filles renfermées en dedans répondent :

Moi, vous laissez entrer !
Je ne saurais le faire ;
Mon père est en colère,
Ma mère est en tristesse.
Une fille, d'aussi grand prix,
N'ouvre pas la porte à ces heures-ci.

Les garçons repètent leur couplet en détaillant chaque objet du présent,*des rubans, un mouchoir, une bague, un tablier, etc., à vous présenter*. La fille est inflexible jusqu'à ce qu'ils viennent à chanter : *Un beau garçon à vous présenter*. Alors la porte s'ouvre ; mais l'épreuve n'est pas finie. La fiancée est recouverte d'un grand drap et entourée de plusieurs de ses compagnes cachées comme elle. Il faut que le futur la devine et mette la main sur elle , sous peine de ne l'avoir pas assise auprès de lui de toute la soirée. Aussi, une innocente ruse vient-elle le plus souvent au secours de l'amour instinctif ; un bout de tablier qui passe, un faible coup de genou donné à la hâte, ou un rire étouffé suffisent. Mais malheur à celui dont la sagacité n'est point suffisamment éclairée par les légers indices qui lui viennent en aide ! Séparé de sa belle, il est, en outre, en bntte aux railleries des garçons et des filles, et a de cruelles menaces pour le lendemain.

Pour se rendre à l'église il y a souvent fort loin. Il arrive que l'on a eu soin de disposer, le long du chemin , quelques quenouilles,emblêmes du travail; on danse autour, et après cette ronde, plus joyeuse que celle du sabat, on se remet en route. Au sortir de la messe, on va attendre les épousés sur la route, avec une vaste écuelle de soupe qu'ils mangent dans une même cuillère, pour apprendre qu'ils doivent désormais se partager leur existence. La malice villageoise a pris soin d'assaisonner d'une grosse poignée de poivre le premier repas matrimonial. Quelquefois on leur présente simplement du vin sucré ; les nouveaux époux boivent de cette liqueur fortifiante, et toutes les personnes de la noce puisent après eux, dans le même verre, en signe de parenté et d'affection.

Quand la mariée franchit le seuil de la maison, elle reçoit en passant les embrassades de tous les garçons. Puis on se met à table pour ne la plus quitter de longtemps. Le couvert est dressé dans une grange, sur de longues planches soutenues par des tréteaux, et chargées de ragoûts, de rôtis, de pâtés, de tourtes et de hautes pyramides de gâteaux. La journée se passe à manger, à boire et à danser. La musette anime la joie en jouant le refrain du pays. On danse des valses et des bourrées près de la table. A côté il y a un tonneau en perce ; on ne s'en ira que lorsqu'il sera vide. Ce sont des cris, des chansons, des éclats de voix qui feraient croire à des gens habitués au ton réservé de la société que ces hommes vont se battre et s'égorger. Ils ne causent pourtant que de leurs affaires ; ils rient, ils embrassent les filles ; tout est allégresse et amitié. Il n'est pas rare de voir quelques vaches ou de maigres chevaux allonger la tête à travers les trous de leurs mangeoires, comme pour prendre part à la fête, et les poules effarouchées par ce bruit inaccoutumé, voler en criant sur la tête des joyeux convives.

La nuit vient. Ceux qui sont las des bourrées, des chants et de la table, grimpent aux échelles du *chambarat*, et vont chercher un lit tout fait dans le foin. Les eunes garçons restent pour *porter la rôtie*. On entre dans la chambre des mariés, on les fait asseoir sur leur lit. Lorsqu'ils se sont lavé les mains dans un vase à couler le lait, qui répand l'eau sur leurs draps, il faut qu'ils avalent une grande tasse de vin sucré ; puis, on leur souffle à la figure des assiettes pleines de plumes, on les noircit de charbon ; on fait enfin tout ce qu'une gaîté grossière et obscène peut inspirer à des hommes pris de vin. Plus d'une fois, on a vu se terminer ces cérémonies par des rixes violentes de la part de l'époux, dont les idées plus justes et moins vulgaires, ou l'amour plus exclusif, se refusaient à ces grotesques et basses offenses.

PLANTER LE CHOU.

Le lendemain des noces, il faut *planter le chou*. Les jeunes gens le vont chercher dans le jardin, et le montent au sommet du toit de la maison, après l'avoir orné de fleurs et de rubans. D'autres ceints de liens de paille, et un bâton à la main, tiennent une longue corde tendue par ses deux extrémités, et courent après les filles qui cherchent à s'échapper ; quelquefois elles tombent entravées dans la boue et le fumier de la cour. Si les *gendarmes* peuvent les ramener jusque sous le toit, les gardiens du chou les inondent d'eau. Pendant ces bruyants ébats, dont la joie est entretenue par ce qui reste de vin au fond des tonneaux, une scène non moins bruyante, mais plus triste, se passe dans l'intérieur de la maison. Ce sont les adieux de la mariée aux parents dont elle se sépare; dans cette circonstance, les pleurs et les cris sont prodigués. La douleur primitive ne connaît point de douleurs muettes. Ce n'est que la société qui nous apprend à mettre de la retenue dans nos chagrins. Il y a quelque chose de bien touchant dans les consolations que le nouvel époux donne à sa femme d'un jour. Il trouve plus facilement des caresses que des phrases, et ce n'est qu'en l'embrassant qu'il cherche à sécher ses larmes, et à lui faire oublier sa maison. Mais ces manifestations ont quelquefois leur faste ; je me souviendrai toujours de cette bonne mère qui disait à son fils : — « Allons, Jean, aide donc ta sœur à pleurer. » —Le grand garçon se mit aussitôt à pousser des beuglements qui faisaient infiniment honneur à son amour fraternel et à sa piété filiale.

Tous les adieux ne sont pas aussi tristes ni aussi difficiles. Les vieux sont toujours à la place où ils se sont assis la veille; quelques-uns même ont couché sur le champ de bataille , au milieu des débris des dindes et des gâteaux. Ce sont eux qui chantent :

Nos chevaux sont à la porte,
Tout sellés, tout bridés,
Que le diable les emporte !
Je ne veux point m'en aller.

Cependant il faut partir ; mais l'on ne se quitte qu'à une demi-lieue de la maison, verres et bouteilles en main, et non sans faire mainte halte et mainte libation. La musette joue alors le vieux refrain :

Allez-vous-en, gens de la noce ;
Allez-vous-en chacun chez vous :
Si la mariée est malade,
Nous la guérirons sans vous.

On finit par jeter en l'air les verres, devenus inutiles; car les tonneaux sont à sec. Quand les derniers bourdonnements de la cornemuse meurent dans les oreilles, quand les derniers gâteaux sont mangés, on reprend le train de vie ordinaire, on travaille, on vit de peu, on a des enfants qu'on mariera un jour, et alors on fera encore une noce de village.

LES LIVRÉES ET LA JARRETIÈRE.

Je n'ai pas besoin de dire que les diverses pratiques qui distinguent les mariages de campagne, varient suivant les localités. Dans quelques villages, quand une union conjugale est conclue, un ami, ou un parent du futur, va, accompagné de la musette, chercher la fiancée, et la conduit à l'église. Là, outre les prières d'usage, il y a une cérémonie qui ne manque pas d'intérêt.

Quand les deux époux sont agenouillés devant l'autel paré de fleurs et de dentelles, le prêtre présente à la fille un fuseau et une quenouille chargée de chanvre et de rubans ; elle la suspend à l'autel de la Vierge, comme si elle prenait l'engagement du travail, comme si elle voulait montrer qu'elle peut faire elle-même les langes de son premier-né. La Vierge est la patronne des jeunes mères ; et les paysannes songent à ces *fils de la*

Vierge, à ces blanches toiles d'araignées que le vent promène dans airs pendant les journées les plus pures et les plus sereines de l'été ; ces fils sont si doux et si déliés, que leur tissu semble propre à composer les vêtements de l'Enfant-Jésus.

La cérémonie du mariage terminée, l'épouse est menée à la maison de son mari, où la fête se consomme. Quelquefois, on a placé négligemment sur le seuil de la porte un balai, une pelle à feu et quelques outils de ferme. Si les nouveaux époux, en arrivant, n'ont pas le soin de remettre chaque objet à sa place, on augure mal de leur union ; que si, au contraire, ils se montrent actifs et soigneux, on prévoit pour eux un brillant avenir.

Assez généralement, quand on se met à table pour le premier repas, la mariée, accompagnée de sa *fille d'honneur* et d'une autre de ses amies, prend une corbeille pleine de *livrées*, c'est-à-dire de morceaux de rubans de deux couleurs, mis en croix, et les attache à l'habit de tous les gens de la noce. Tout le monde l'embrasse, elle et ses compagnes ; on fait même quelquefois, dans cette circonstance, une petite quête.

Sur la fin du repas, un des jeunes gens enlève la jarretière de l'épousée, et cette prouesse est accueillie par tous les convives avec la plus bruyante allégresse. C'est là encore une pratique assez ridicule ; mais tel est le caractère général des noces et des croyances de nos paysans, que souvent leur naïveté tombe dans le trivial, soit que le vrai sens de ces usages ait été perdu ou altéré, soit qu'elles aient véritablement une origine licencieuse.

LA MONTAGNE.

Le pays qui s'étend au midi de Cusset et de Lapalisse, fait partie de la chaîne du Forez, et s'appelle chez nous tout simplement la *Montagne*. Les trois principales communes de cette partie du Bourbonnais sont Châtel, Saint-Nicolas-des-Biefs et Ferrières. C'est là une contrée très pittoresque, une *petite Suisse*, comme on dit. Immenses forêts de hêtres et de sapins, côteaux revêtus d'un gazon verdoyant, vallées profondes, rivières torrentueuses, rochers gigantesques, vastes solitudes, vous retrouvez là en miniature tout ce qui rend les Al pes si imposantes et si poétiques.

J'ai dit déjà que les habitants de la *montagne* avaient une ardeur, une activité qui contrastent singulièrement avec la nonchalance de nos paysans. A leurs allures seules, vous devinez une race vigoureuse, primitive. Il ne faudrait pas chercher beaucoup pour trouver parmi eux quelques-uns de ces beaux types gaulois, fiers et hardis enfants de Brennus. Avec leur longue chevelure noire ou rousse, leurs yeux bien fendus, leurs nez aquilins, et leurs longs bras attachés à des épaules athlétiques, ils semblent taillés tout exprès pour être en harmonie avec la nature grandiose en présence de laquelle ils vivent. Certes, ces braves gens ne craignent pas de regarder un bourgeois en face; et ce qu'ils veulent lui dire, ils le lui crient avec des voix de stentor, comme s'ils avaient à surmonter toujours les mugissements de leurs torrents et les éclats de leurs scieries.

Les montagnards bourbonnais sont francs et joyeux; ils ont une certaine finesse qui se révèle jusque dans la plus petites affaires. Ils sont très humains, et vous hébergeront, vous traiteront de leur mieux dans leur pauvre chaumière, sans réclamer de vous la moindre rétribution. Chez eux, l'hospitalité se donne ; ils regardent comme une chose honteuse de la vendre. Ils ne sont pas voleurs ; on peut traverser leurs steppes sans courir le moindre risque pour ses jours ou pour sa bourse ; mais ils sont maraudeurs impitoyables, et ravagent sans remords les riches forêts de sapins qu'ils dépeuplent chaque jour. Malheur aux gardes qui veulent les arrêter dans leurs déprédations, car ils paient souvent de leur vie leurs efforts et leur zèle.

Pendant que les montagnards coupent les arbres du gouvernement, ils épargnent ceux qui leur appartiennent. Or, ces arbres forment toute leur richesse. De ces sapins, ils font des planches, des cuves et des coffres qu'ils portent aux foires de Thiers, de Cusset et de Gannat. Ils achètent, avec le produit de la vente, tout ce qui est nécessaire à la vie, le blé qu'ils mangent, comme les étoffes dont ils se font des habits.

LES CONSCRITS.

Ils ont beaucoup de peine à s'accommoder à notre organisation communale et à notre législation. Autrefois, ils vivaient en communauté et formaient des espèces de *clans* établis sur mêmes bases que celles des Guiton-Pinard en Auvergne. Ils sont en insurrection permanente contre le recrutement. Quand les jeunes gens ont l'âge auquel la conscription les atteint, ils se cachent dans les forêts. Les gendarmes ont fort à faire pour les saisir. C'est envain que ceux-ci les traquent dans les chaumières et dans les bois : tout le monde est du complot pour les faire échouer dans leurs recherches. Dès que les bergères, debout sur quelques rochers, aperçoivent les gendarmes, elles lancent dans les airs les notes et les mots de quelque chanson patoise, et les conscrits réfractaires, fidèles à ces avertissements, s'enfuient dans leurs steppes profondes, où nul chemin n'a été tracé. Cachés dans les halliers, couchant à la belle étoile, vivant de la manière la plus rustique , ils parviennent à se soustraire , pendant des années , à toutes les perquisitions. Ils ont encore une autre manière de se prévenir d'une montagne à l'autre à l'approche de la force-armée ; ils frappent deux planches de sapin d'une certaine manière : c'est ce qu'on appelle *battre la douaille*.

Ce n'est ni la force d'ame, ni le courage qui manquent à nos campagnards et qui les éloignent du service militaire. Ils ont un esprit d'indépendance qui ne peut se soumettre, en aucune façon, à l'obéissance passive qu'on exige du soldat. Qu'on en juge par le trait suivant : Un réfractaire, poursuivi de près, s'était caché dans un monceau de foin. Les gendarmes se doutèrent du gîte où il s'était réfugié, et le sommèrent de se montrer. Le réfractaire ne donna aucun signe de vie. Alors les gendarmes se mirent à fouiller dans le foin en tout sens avec leurs sabres. Le malheureux conscrit ne bougea ni ne dit mot. Après le départ de la force armée, il sortit de sa cachette, le corps couvert de blessures, et tout ensanglanté. On l'eût tué plutôt que de le faire parler !

Cependant les choses ne se passent pas toujours d'une manière aussi tragique. Un jour, un jeune montagnard se trouve tout à coup cerné dans sa maison par un escouade de gendarmes. Il n'y a pas moyen d'échapper. Que faire ? Une idée vient à la mère. Elle dit à son fils de se coucher, lui couvre la tête d'un drap mortuaire, allume un cierge près du lit, place sur un coffre le buis et l'eau bénite, et lui recommande de ne pas faire un mouvement, de ne pas même respirer. Alors toute la famille de se lamenter, de jeter des cris affreux, de se tordre les bras, de s'arracher les cheveux, et de maudire le sort. — Sur ces entrefaites, les gendarmes entrent dans la chaumière. La mère, d'un geste éloquent, leur montre le cadavre de son malheureux fils, présente au chef de la brigade le rameau de buis que celui-ci trempe dans le bénitier. Il se découvre, asperge le corps du conscrit, fait le signe de la croix, et se retire silencieusement avec ses compagnons.

LE CABARET.

Vous pensez bien qu'il est rare qu'un montagnard se dépayse. Aussi, rien ne vient modifier ses mœurs et ses idées. La force est son unique raison, comme son instinct est sa loi. Les haines et les rivalités sont terribles, et ne s'éteignent souvent que dans le sang. Cette observation s'applique surtout aux habitants de Laprugne, de Saint-Nicolas et des villages de Pion et de l'Avoine. Quand leur industrie prospère, dès qu'ils ont quelque argent, ils vont au cabaret, et là c'est un tumulte, ce sont des cris, des hurlements épouvantables. On boit, on s'échauffe, on se dispute, puis, des paroles l'on vient aux coups. La lutte est engagée; bientôt il y a deux camps, et la bataille devient générale. — Et ils ne s'en tiennent pas aux seules armes que la nature leur ait données, je vous assure. Entre leurs mains tout est bon, les verres, les bouteilles, les couteaux et jusqu'aux haches. Ils s'inquiètent fort peu de l'article du Code pénal que pourront leur valoir toutes ces prouesses. Ils se battent sans pitié ni merci. Par malheur, ces scènes se renouvellent souvent, et elles donnent lieu à de fort graves accidents.

SUPERSTITIONS.

Pour faire connaître sous toutes ses faces le caractère des montagnards, je dois dire qu'on ne saurait croire combien chez eux est grand l'amour du merveilleux, et avec quelle étonnante facilité ils imaginent les fables les plus fantastiques. Chaque site est l'objet d'une légende, chaque événement a une cause surnaturelle. Ils ont vu les bons anges de toutes leurs joies et les mauvais génies de tous leurs désastres. Ils vous raconteront mille singularités sur les fées et les démons. Les causes qui peuvent produire les orages, les préoccupent beaucoup aussi Ils ne doutent pas que les prêtres n'aient le pouvoir de détourner la grêle et la foudre, quand elles menacent leur village. Des montagnards m'assuraient avoir vu des prêtres monter dans les nuages pour former la tempête de leurs mains, les pétrir, mêler la glace et le tonnerre, le vent et la pluie. Bien plus, ils prétendent qu'on a reconnu des curés portés sur la nuée la plus avancée, hâter la course du vent, et conduire l'orage à leur gré. Aussi, quand les vents poussent les nuages gros de tempêtes au dessus d'un village, les habitants tirent-ils des coups de fusil contre les nuages, afin de tuer le prêtre ou le sorcier qui menace leurs maigres récoltes. Mais il y a un autre moyen. Dans l'Octave de la Fête-Dieu, chaque famille fait bénir une couronne de fleurs et de coquilles d'œuf, ornées de rubans. Quand le ciel est sombre, que la foudre gronde, il suffit, pour repousser la tempête, de jeter au feu cette couronne, ou même une seule des fleurs de la couronne. On retrouve dans la *montagne* quelques usages analogues à ceux que j'ai signalés chez les habitants de la plaine. Voici quelques particularités pourtant qui méritent d'être consignées ici.—Pendant la nuit du premier mai, les garçons se rassemblent en troupe, et parcourent les villages en chantant à chaque porte une chanson amoureuse sur le printemps ; pour les récompenser, on leur donne des œufs et du lard. Quelquefois, un des jeunes gens dépose à la porte de la maison de sa maîtresse un bouquet de fleurs des champs, si elle est sage. Dans le cas contraire, les bouquets qu'on lui présente sont loin de pouvoir flatter son amour propre.—Quand un garçon va demander une fille en mariage, l'ami qui l'accompagne doit s'armer d'un bâton dont il a fait brûler les deux bouts. S'ils ne remplissaient pas cette condition, ils seraient sûrs à l'avance de ne pas réussir dans leurs démarches. Pourquoi? Je l'ignore. Les conjectures là dessus nous mèneraient trop loin. Lorsque le futur va inviter les parents à la noce, il doit, en entrant dans chaque maison, secouer la cremaillère. A l'église, s'il y a plusieurs mariages à la fois, malheur au couple qui sort le dernier ; car il aura infailliblement la gale pendant le reste de l'année. Comme dans tout le Bourbonnais, le soir du premier dimanche de Carême, les campagnes s'illuminent ; la montagne est couverte de feux, et l'on se réunit pour danser en rond autour du *figau*. Enfin, les dimanches, en sortant de l'église, les hommes puisent de l'eau bénite dans les bords de leurs larges chapeaux, et les femmes dans le creux de leurs mains, et vont la répandre sur la tombe de *leurs vieux pères*.

COSTUME.

Ces divers détails peuvent donner une idée de l'organisation morale de nos montagnards, race étrange qui a tous les vices et toutes les vertus des sociétés non civilisées. Pour compléter le tableau, je vais parler un peu de leur costume qui ne manque pas d'une certaine originalité. Autrefois ils portaient une longue blouse blanche et un chapeau dont ils relevaient le bord sur le devant. Maintenant ils ont en général une petite veste à basques très courtes, ornée de quatre rangées de boutons métalliques dont le nombre varie depuis quatre jusqu'à dix. Leur gilet est en étoffe rouge. Dans les bois, ils se coîffent d'un bonnet de laine qui rappelle tout à fait le bonnet phrygien. La couleur blanche des habits ne se retrouve guères que dans la commune de Saint-Priest-la-Prugne.

La robe des femmes est composée de deux parties. Le corsage est très simple et n'a rien de particulier. La jupe monte au dessus du corsage ; le pli qu'elle fait forme un bourrelet qui indique la taille. Les manches descendent un peu au dessous du coude, de sorte que l'avant-bras est nu. Les bonnets présentent des barbes qu'on relève le plus souvent sur le devant de la tête, mais qu'on laisse tomber sur les épaules dans quelques cérémonies, aux enterrements, par exemple. Le chapeau de paille ressemble tout à fait à celui de l'Auvergne.

La position des montagnardes dans la famille mérite d'être notée. Elles sont à peu près esclaves. C'est à elles que sont départis les plus durs travaux. Elles ne mangent pas à la même table que leur mari, leur souverain maître. Elles sont tellement façonnés à ce joug, que si quelques-unes d'entre elles contractent des alliances avec des hommes d'un pays où la femme est en réalité l'égale de son mari, aucune instance ne peut les décider à oublier les habitudes humiliantes de sa première condition.

CONCLUSION.

Ce que je viens de dire suffit sans doute pour faire voir quel vaste champ la montagne bourbonnaise offre à l'observation des philosophes et des publicistes, et combien la civilisation a encore à faire dans notre pays pour répandre ses bienfaits sur toutes les classes de la société. Il est clair que c'est dans la campagne qu'il faut rechercher les organisations excentriques, les allures originales, les habitudes pittoresqnes. Rien n'y est venu détruire les antiques traditions, les vieux préjugés. Nos lois n'ont pu encore façonner sur un meme modèle cette race d'hommes qui restent tels que la nature les a faits.

Je ne sais si j'ai réussi à peindre bien exactement le tableau qu'offrent les diverses classes de notre population bourbonnaise. Toutefois, je puis dire que j'ai écrit franchement ce que j'ai vu. Peut-être trouvera-t-on quelques-uns de mes jugements un peu sévères, et accusera-t-on en moi un esprit chagrin et malveillant ; peut-être me reprochera-t-on de m'être laissé aller à dire le mal plutôt que le bien, à chercher plutôt le côté ridicule des choses que leur côté sérieux. S'il en était ainsi, j'en demanderais très humblement pardon ; tout le monde sait qu'il est plus facile de jouer avec la critique qu'avec la flatterie, même quand elle est de bon aloi. Je dois donc finir ce petit opuscule en rendant hommage à toutes les excellentes qualités qui distinguent les habitants du Bourbonnais, qualités que tout le monde s'est plu à reconnaître en eux. J'aime mon pays autant que qui que ce soit, et j'espère qu'il ne viendra à l'idée de personne de croire que j'ai eu l'intention de le ravaler en signalant quelques vices et quelques travers. Chacun de nous les voit et les touche du doigt. Sans avoir la prétention de jouer le rôle d'un Caton-le-Censeur, je pense qu'il est bien permis de faire quelque honnête satire qui n'atteigne personne en particulier, et qui parle un peu de tout le monde. Il pourra bien arriver d'ailleurs que je n'échappe pas aux fourches caudines de la critique; je ne me plains pas, en songeant à cet oracle de la sagesse éternelle, qui dit que nous voyons bien un fétu de paille dans l'œil de notre prochain, tandis que nous n'apercevons pas la poutre qui nous crève les yeux à nous mêmes.

Enfin, voilà le livre. Il est fait en tout bien et tout honneur. S'il ne vous ennuie pas, je suis sûr que vous me donnerez raison, et que vous ne me maudirez pas plus que l'on n'a maudit le bon diable boîteux Asmodée, d'honnête mémoire.

BULLETIN D'ANNONCES

DE LA PHYSIOLOGIE DU BOURBONNAIS.

M. Guyot a eu surtout le mérite de fonder, un des premiers en France, une école primaire supérieure, et de l'élever, par son habile direction, au premier rang de celles qui existent. Elle peut rivaliser avec celles de Nantes et de Paris. Pour atteindre ce but, il s'est adjoint d'habiles professeurs qui sont chargés, chacun dans sa spécialité, des diverses branches de connaissances qui composent l'ensemble de l'enseignement dans son école.

---

tements nouvellement décorés, mais encore par la propreté et l'activité du service. Un salon vaste et orné dans le dernier goût, une salle à manger de 120 couverts, des appartements séparés pour les personnes qui veulent être servies en chambre, un salon pour réunion de famille, un cabinet de lecture, un piano de premier choix, de belles écuries, des remises fermant à clé, une vaste cour, un jardin spacieux et une vue aussi variée qu'étendue, un air pur et sain : tels sont les avantages qu'offre au public cet hôtel, l'un des mieux placés pour l'agrément et la santé.

Moulins, imprimerie de P.-A. Desrosiers.

Librairie de P.-A. Desrosiers,

IMPRIMEUR ÉDITEUR, A MOULINS (ALLIER).

L'ANCIEN BOURBONNAIS, histoire, monuments, mœurs, statistique; par Achille Allier, d'après les dessins et documents de M. Dufour; dessiné et gravé sous la direction d'Aimé Chenavard. — 2 vol. grand in-folio de texte (1,400 pages), illustrés d'un grand nombre de gravures sur bois et d'un Atlas de 140 planches sur jésus. — Broché, 180 francs; demi-reliure en maroquin, 215 fr.

L'ART EN PROVINCE, paraissant tous les mois, et formant par an un beau volume in-4° de 360 pages et 50 planches lithographiées ou gravées. — Prix, *franco*, 20 fr. — Six années d'existence sont un témoignage de l'accueil fait à cette publication par tout ce que la province compte de notabilités artistiques et littéraires. — OEuvre de décentralisation, cette publication est la seule qui réunisse autant d'éléments de succès, soit sous le rapport de l'art, soit sous celui du mérite littéraire. — *La première année est entièrement épuisée; il ne reste que quelques exemplaires des cinq autres années.* — Prix, 13 fr. le vol. broché.

KEEPSAKE DE L'ART EN PROVINCE pour 1842. — Très beau et riche volume in-8°, imprimé avec luxe dans des entourages en couleur, lettres ornées en or et couleur, gravures anglaises, etc. — Prix, 15 fr.

MÉMOIRES ET VOYAGES DU DUC D'ENGHIEN, imprimés pour la première fois d'après les manuscrits autographes du prince, précédés d'une notice sur sa vie et sa mort par M. le comte de Choulot, gentilhomme de la chambre et capitaine-général des chasses de S. A. R. le duc de Bourbon. — 2 forts volumes grand in-8°, imprimés avec soin. Prix : 8 fr.

LES DOUZE DAMES DE RHÉTORIQUE, manuscrit du XVe siècle de la Bibliothèque royale. — Petit in-folio avec entourages et 16 miniatures. — Demi-reliure, 25 fr.

www.ingramcontent.com/pod-product-compliance
Ingram Content Group UK Ltd.
Pitfield, Milton Keynes, MK11 3LW, UK
UKHW020551180726
13838UKWH00001B/170